JOHN PIPER

MOLDEADOS
POR DIOS

CÓMO PENSAR Y VIVIR EN ARMONÍA
CON LOS SALMOS

B&H
ESPAÑOL

NASHVILLE, TENNESSEE

Índice

SALMO 1

Dichoso el hombre que no sigue el consejo
de los malvados, ni se detiene en la senda de
los pecadores ni cultiva la amistad de los blasfemos,
sino que en la ley del Señor se deleita, y día y
noche medita en ella.

Es como el árbol plantado a la orilla de un río que,
cuando llega su tiempo, da fruto y sus hojas jamás
se marchitan. ¡Todo cuanto hace prospera! En cambio,
los malvados son como paja arrastrada por el viento.

Por eso no se sostendrán los malvados en el juicio,
ni los pecadores en la asamblea de los justos. Porque
el Señor cuida el camino de los justos, mas la senda
de los malos lleva a la perdición.

1
Cantos que moldean el corazón y la mente

SALMO 1

Cuando analizamos cómo aprender a pensar y sentir en sintonía con los Salmos y cómo ser modelados por Dios, hay tres cosas que debemos saber sobre los Salmos: son didácticos, son poemas y son divinos.

Los salmos son didácticos

En primer lugar, cuando leemos los Salmos, aprendemos cosas sobre Dios, sobre la naturaleza humana y sobre cómo vivir nuestra vida. Hay poesía que no tiene la intención de instruir la mente, pero los Salmos sí.

Algo que nos apunta a esta instrucción (entre otras cosas, incluyendo el uso doctrinal de los Salmos en el Nuevo Testamento) es que el Salmo 1 introduce todo el libro. El libro comienza, en cierto sentido, en el Salmo 1:2: «… en la ley del Señor se deleita, y día y noche medita en ella». La palabra para ley es *torá*, y el significado general para *torá* es *enseñanza*. En otras palabras, los Salmos abarcan toda la gama de las enseñanzas de Dios, no solo las ordenanzas legales. El libro completo de los Salmos se presenta llamándonos a meditar en las enseñanzas de Dios.

Además, considera la forma en que se estructura el libro de los Salmos. Se divide en cinco libros que comienzan con los Salmos 1, 42, 73, 90 y 107. Cada colección de salmos termina con un tipo de doxología especial que marca el final de cada libro. Desde tiempos antiguos, estas cinco divisiones se han considerado como un esfuerzo consciente para hacer que los Salmos sean paralelos a los cinco libros de Moisés (Génesis, Éxodo, Levítico, Números y Deuteronomio), llamados normalmente los «libros de las leyes».[1]

Así que, cuando el Salmo 1 introduce los cinco libros en el Salterio al decir que el justo medita en la ley del Señor día y noche, probablemente significa que estos cinco libros de los Salmos, no solo los cinco libros de Moisés, son la ley del Señor, la enseñanza del Señor, y que debemos meditar en ellos de día y de noche. Por esta razón y otras, los Salmos tienen el propósito de enseñarnos sobre Dios, la naturaleza humana y la vida humana.

Los salmos son poemas

Lo segundo que debemos saber sobre los Salmos es que son poemas. Eso es lo que significa *salmo*. Fueron escritos para ser leídos o cantados como poesía o canciones. El objetivo de esta observación es enfatizar que la poesía o el canto tienen la intención de mover los afectos del corazón. Así que, no solo debes meditar en los Salmos, también debes sentirlos.

Si lees los Salmos solo por la doctrina, no los estás leyendo de forma correcta. Son salmos, canciones, poesía. Son musicales, y la razón por la que los seres humanos expresan la verdad con música y poesía es para despertar y expresar emociones que van de acuerdo a la verdad.

Una de las razones por las que incontables creyentes aprecian los Salmos es porque expresan una sorprendente variedad de emociones, que incluyen:

Soledad: «... pues me encuentro solo y afligido» (Sal. 25:16).

Amor: «¡Cuánto te amo, Señor, fuerza mía!» (Sal. 18:1).

Temor: «Tema toda la tierra al Señor» (Sal. 33:8). «Sirvan al Señor con temor» (Sal. 2:11).

Dolor: «La vida se me va en angustias» (Sal. 31:10). «Estoy pobre y adolorido» (Sal. 69:29).

Lamento: «Voy a confesar mi iniquidad, pues mi pecado me angustia» (Sal. 38:18).

Quebranto: «El sacrificio que te agrada es un espíritu quebrantado» (Sal. 51:17). «El Señor está cerca de los quebrantados de corazón, y salva a los de espíritu abatido» (Sal. 34:18).

Inquietud y angustia: «¿Por qué voy a inquietarme? ¿Por qué me voy a angustiar?» (Sal. 42:5).

Vergüenza: «... se me cae la cara de vergüenza» (Sal. 44:15).

Júbilo: «... ¡cuánto se alegra en tus victorias!» (Sal. 21:1).

Asombro: «Esto ha sido obra del Señor, y nos deja maravillados» (Sal. 118:23).

Deleite: «... en la ley del Señor se deleita» (Sal. 1:2).

Alegría: «Tú has hecho que mi corazón rebose de alegría, alegría mayor que la que tienen los que disfrutan de trigo y vino en abundancia» (Sal. 4:7).

Regocijo: «Quiero alegrarme y regocijarme en ti» (Sal. 9:2).

Ira: «Si se enojan, no pequen» (Sal. 4:4).

Paz: «En paz me acuesto y me duermo» (Sal. 4:8).

Pena: «Desfallecen mis ojos a causa del dolor» (Sal. 6:7).

Deseo: «Tú, Señor, escuchas la petición de los indefensos» (Sal. 10:17).

Esperanza: «Que tu gran amor, Señor, nos acompañe, tal como lo esperamos de ti» (Sal. 33:22).

Gratitud: «Yo te daré gracias en la gran asamblea» (Sal. 35:18).

Celo: «El celo por tu casa me consume» (Sal. 69:9).

Confianza: «Aun cuando una guerra estalle contra mí, yo mantendré la confianza» (Sal. 27:3).

De forma más explícita que en los otros libros de la Biblia, los Salmos tienen la intención de despertar y dar forma a nuestras emociones a medida que nos enseñan. Cuando lees y cantas los Salmos de la manera correcta, sus palabras moldean tus emociones y tu mente.

Los Salmos son de Dios

Un último punto importante que debemos conocer sobre los Salmos, a modo de introducción, es que son inspirados por Dios. No son solo palabras humanas, sino también palabras divinas. Esto significa que Dios guió lo que se escribió y lo organizó de tal manera que los Salmos enseñan la verdad, y cuando los entendemos de manera apropiada, dirigen nuestras emociones hacia lo correcto.

Una de las razones por las que creemos que los Salmos son inspirados por Dios y son confiables es que Jesús lo creía. En Marcos 12:36, Jesús cita el Salmo 110:1: «David mismo, hablando por el Espíritu Santo, declaró: "Así dijo el Señor a mi Señor: 'Siéntate a mi derecha, hasta que ponga a tus enemigos debajo de tus pies'"». Jesús creía que David había hablado *por el Espíritu Santo* (ver Hech. 4:25, 2 Ped. 1:21). En Juan 10:35, Jesús cita el Salmo 82:6 y declara: «y la Escritura no puede ser quebrantada». Y en Juan 13:18 cita el Salmo 41:9 y señala: «... para que se cumpla la Escritura». Jesús creía en la fiabilidad de los Salmos.

Así que, los Salmos son palabras humanas y palabras divinas. Lo que el hombre expresa a través de cada poema, Dios también lo expresa para Sus propósitos.

Cuando leemos y cantamos los Salmos, nuestras mentes y corazones, nuestros pensamientos y sentimientos, son modelados por Dios.

El poder moldeador de los Salmos

El milagro del nuevo nacimiento nos muestra que el Espíritu Santo da vida a los muertos espirituales al otorgarles nuevas mentes y corazones que creen en el evangelio, aman a Dios y desean ser conformados a Cristo. Sin embargo, los nacidos de nuevo no son perfectos. Son nuevas criaturas, tienen vida, son espirituales, pero en muchos sentidos son inmaduros, no han sido formados por completo, como si fueran recién nacidos.

Entonces, la pregunta para los primeros cristianos, y para nosotros, es esta: la nueva mente y el nuevo corazón ¿cómo pueden buscar la plenitud del pensamiento correcto y la plenitud de los afectos santos, siendo que tanto la mente como el corazón están llenos de pensamientos y sentimientos imperfectos?

Una de las principales respuestas de los primeros creyentes de la Iglesia fue sumergirse en los Salmos. Salmos es el libro del Antiguo Testamento más citado en el Nuevo Testamento. Era el libro de cantos, el libro de poesía y el libro de meditación de la Iglesia. Junto a las enseñanzas de Jesús y los apóstoles, los Salmos moldearon los pensamientos y los sentimientos de los primeros discípulos más que ningún otro libro.

Es este poder modelador de los Salmos lo que me conduce a mi objetivo en este breve libro. Mi esperanza es poner en marcha, o profundizar, este legado de los

Salmos en tu vida. Oro por que tengas pensamientos y sentimientos centrados en Dios, que exalten a Cristo y que estén saturados de los Salmos, porque creo que este tipo de pensamientos y sentimientos producirán vidas que se preocupan por otros y exaltan a Cristo.

Tres preguntas sobre el Salmo 1

A medida que analicemos con mayor detalle el Salmo 1, observaremos nuestros dos temas: pensar y sentir. Consideremos tres observaciones que provienen de tres preguntas.

1. ¿Por qué comienza el salmista de la manera en que lo hace?

¿Por qué comienza el salmista con: «Dichoso el hombre que no sigue el consejo de los malvados, ni se detiene en la senda de los pecadores ni cultiva la amistad de los blasfemos» (v.1)? ¿Por qué no solo declara: «No seas malo, no peques y no te burles»? ¿Por qué hacer énfasis en el malvado, el pecador y el blasfemo? ¿Por qué centrarse en la influencia? ¿Por qué repetir las advertencias: «… no sigue el consejo de los malvados, ni se detiene en la senda de los pecadores ni cultiva la amistad de los blasfemos»?

La razón es que el contraste que quiere presentar no es la maldad contra la rectitud, sino la influencia de un lugar frente a la influencia de otro. El contraste se relaciona con ser moldeado de una manera contra ser moldeado de otra. ¿Serán moldeados nuestros pensamientos y sentimientos por el malvado, el pecador y el blasfemo? ¿O seremos moldeados por la enseñanza del Señor? Así que el salmista presenta el versículo 1 de esta manera para preparar el contraste que presentará en el versículo 2. No le prestes atención al mundo (el malvado, el pecador, el blasfemo) para que puedas comenzar a deleitarte en los caminos del Señor. El hombre dichoso «en la ley del Señor se deleita, y día y noche medita en ella».

Nadie sigue el consejo de los malvados por obligación. Nadie se detiene en la senda de los pecadores por obligación. Nadie se hace amigo de los blasfemos por obligación. Seguimos, nos detenemos y cultivamos amistades porque eso es lo que deseamos. Queremos seguir sus caminos porque los hemos observado con tanta atención que nos atrae. En cierto sentido, hemos meditado en ellos y ahora nos deleitamos en ellos. Somos moldeados por ellos. Así es como inicia la mundanalidad.

Empiezas por mirar las cosas del mundo y sus formas. Te percatas de sus distracciones y sus promesas vanas. Pero luego las observas y comienzas a pensar tanto en ellas que deseas sus caminos y te encuentras siguiendo sus consejos, deteniéndote en sus sendas y cultivando su amistad. Eventualmente te percatas de que eres muy similar a ellos.

Es por eso que el contraste en el versículo 2 se refiere no al deber y la obediencia, sino al deleite y la meditación. El punto es que la única esperanza contra el placer fugaz del mundo es el placer duradero de la verdad de Dios. Así como los placeres del mundo despiertan cuando se contemplan por suficiente tiempo,

los placeres de la verdad de Dios despiertan en la nueva
criatura cuando enfocamos nuestros corazones y nuestra
mente en las Escrituras, día y noche.

El salmista indica que si meditamos día y noche
en las enseñanzas de Dios presentadas en los Salmos,
despertaremos el deleite. Para esto fueron diseñados los
Salmos, *para enseñarle a tu mente de manera que deleite tu
corazón*. Meditar día y noche en la verdad de Dios nos
conduce a deleitarnos, lo que nos libera de los placeres
fugaces de los malvados, los pecadores y los blasfemos.

Así que, los primeros dos versículos de todo el libro
de los Salmos confirman lo que hemos observado: este
libro está diseñado para moldear nuestros pensamientos
a través de la meditación, y moldear nuestros sentimientos a través del deleite.

2. ¿Qué significa el versículo 3?

Aquí está la segunda pregunta sobre el Salmo 1 que da
lugar a nuestra segunda observación. ¿Por qué no dice el
versículo 3: «Cuando meditas en las enseñanzas de Dios
en los Salmos y te deleitas en ellas, no actuarás como
malvado, pecador o blasfemo»? Esto habría reforzado de
buena forma el versículo 1.

La respuesta es que el salmista quiere mostrarnos
que la vida de los piadosos es como un árbol que da
fruto, no como un trabajador recogiendo fruto. Como
diría Pablo, la vida cristiana es el fruto del Espíritu, no
las obras de la ley. El versículo 3 declara: «Es como el
árbol plantado a la orilla de un río que, cuando llega su
tiempo, da fruto y sus hojas jamás se marchitan. ¡Todo
cuanto hace prospera!».

El río es una imagen de la vida cristiana. La vida de Dios fluye a través de la Palabra de Dios—los Salmos—, y la gracia soberana de Dios te coloca junto a esas corrientes (ver Mat. 15:13). Tus raíces se sumergen profundamente en el agua de vida. Tus hojas son verdes durante la sequía y tu vida es fructífera cuando las vidas de otros son estériles.

Las raíces no crecen de manera automática. Las raíces crecen a través de la meditación, cuando pones atención y enfocas tu pensamiento en los Salmos. Ahí es donde las raíces se encuentran con el agua. El resultado es deleite, placer espiritual en Dios y en Sus caminos, y este deleite nos transforma.

La batalla para evitar el consejo de los malvados, la senda del pecador y la amistad del blasfemo (la batalla por ser justo, santo y humilde), es una batalla que se gana con el deleite. Y el deleite se nutre al meditar en las enseñanzas de Dios de día y de noche.[2]

3. ¿Cómo nos conduce el Salmo 1 al Mesías?

Una última pregunta sobre el Salmo 1 es: ¿qué nos declara sobre Jesús? ¿Cómo nos conduce este salmo al Mesías?

De inmediato, la palabra *justos* en el versículo 6 nos conduce a Cristo como aquel que es nuestra justicia. «Porque el Señor cuida el camino de los justos, mas la senda de los malos lleva a la perdición». Solo los justos sobrevivirán al juicio final. Entonces, nuestra pregunta es: ¿quién es justo?

El Salmo 14:3 nos señala: «Pero todos se han descarriado, a una se han corrompido. No hay nadie que haga

lo bueno; ¡no hay uno solo!». El Salmo 130:3 pregunta
de manera retórica: «Si tú, Señor, tomaras en cuenta
los pecados, ¿quién, Señor, sería declarado inocente?».
Después leemos el Salmo 32:2: «... dichoso aquel a quien
el Señor no toma en cuenta su maldad».

Así que «los justos» son pecadores que de alguna
manera pueden ser considerados como justos aunque no
son justos en sí mismos. ¿Cómo puede ser esto? ¿Cómo
puede un Dios santo y justo no señalar la maldad?
¿Cómo puede un Dios santo y justo no tomar en cuenta
los pecados? ¿Cómo puede no exigir justicia perfecta
para Su cielo perfecto?

La respuesta es que Dios *sí* señala la iniquidad,
toma en cuenta el pecado y exige justicia perfecta. Y es
por esto que este salmo y todos los Salmos nos conducen
a Jesús, quien «fue traspasado por nuestras rebeliones,
y molido por nuestras iniquidades» (Isa. 53:5). Dios sí
tomó en cuenta nuestro pecado y lo castigó en Cristo.
Él exigió justicia y la manifestó en Cristo. Romanos 10:4
nos enseña que el objetivo de la ley (la meta de los
Salmos) es Cristo, «para que todo el que cree reciba la
justicia».

Esta verdad del evangelio es fundamental para el
río que fluye en la raíz de nuestra vida. Esta verdad es
lo que meditamos día y noche cuando leemos y cantamos los Salmos. Esta es la fuente de nuestro deleite más
dulce.

Atesora este río del evangelio

Te exhorto a que aceptes este evangelio como el río de tu vida, y te invito a usar este libro como un medio para aprender conmigo a pensar y sentir en sintonía con los Salmos. Que Dios moldee nuestros pensamientos y nuestros sentimientos, para que tengamos el fruto que exalta a Cristo: amor, alegría, paz, paciencia, amabilidad, bondad, fidelidad, humildad y dominio propio (Gál. 5:22–23).

SALMO 42

Al director musical. Masquil de los hijos de Coré.

Cual ciervo jadeante en busca del agua,
así te busca, oh Dios, todo mi ser.
Tengo sed de Dios, del Dios de la vida.
¿Cuándo podré presentarme ante Dios?
Mis lágrimas son mi pan de día y de noche,
mientras me echan en cara a todas horas:
«¿Dónde está tu Dios?».
Recuerdo esto y me deshago en llanto:
yo solía ir con la multitud,
y la conducía a la casa de Dios.
Entre voces de alegría y acciones de gracias
hacíamos gran celebración.

¿Por qué voy a inquietarme?
¿Por qué me voy a angustiar?
En Dios pondré mi esperanza y todavía lo alabaré.
¡Él es mi Salvador y mi Dios!

Me siento sumamente angustiado;
por eso, mi Dios, pienso en ti
desde la tierra del Jordán,
desde las alturas del Hermón,
desde el monte Mizar.
Un abismo llama a otro abismo
en el rugir de tus cascadas;
todas tus ondas y tus olas se han precipitado sobre mí.
Esta es la oración al Dios de mi vida:
que de día el Señor mande su amor,
y de noche su canto me acompañe.
Y le digo a Dios, a mi Roca:
«¿Por qué me has olvidado? ¿Por qué debo andar de luto
y oprimido por el enemigo?».
Mortal agonía me penetra hasta los huesos
ante la burla de mis adversarios,
mientras me echan en cara a todas horas:
«¿Dónde está tu Dios?».

¿Por qué voy a inquietarme?
¿Por qué me voy a angustiar?
En Dios pondré mi esperanza, y todavía lo alabaré.
¡Él es mi Salvador y mi Dios!

2
Depresión espiritual

SALMO 42

El encabezado de este salmo señala: «Al director musical. Masquil de los hijos de Coré».

Los hijos de Coré eran un grupo de sacerdotes encargados del ministerio musical. Se nos describe a este grupo sacerdotal en 2 Crónicas 20:19: «y los levitas de los hijos de Coat y de Coré se pusieron de pie para alabar al Señor a voz en cuello».

El encabezado del Salmo 42 implica que es probable que este salmo se cantara en la adoración congregacional. Esto concuerda con lo que señalamos en la introducción. Los Salmos son canciones. Son poemas. Fueron escritos para despertar, expresar y dar forma a la vida emocional del pueblo de Dios. La poesía y el canto existen porque Dios nos creó con emociones, no solo con pensamientos. Así que nuestras emociones son extremadamente importantes.

La segunda cosa que debemos notar en el encabezado es que al salmo se le llama *masquil*. No está del todo claro qué significa esta palabra, por lo que la mayoría de las traducciones de la Biblia simplemente usan la transliteración del hebreo. *Masquil* proviene de un verbo hebreo que significa «hacer sabio a alguien» o «instruir». Cuando se aplica a los Salmos, puede significar una canción que instruye, o una canción que está diseñada con sabiduría. Esta idea de instrucción también concuerda con lo que señalamos en la introducción. Los Salmos no son solo para la mente, sino también para el corazón. Los Salmos pretenden instruir, y la instrucción es, en última instancia, una cuestión del corazón, el órgano del deleite. «Dichoso el hombre [...] que en la ley del Señor *se deleita*, y día y noche medita en ella» (Sal. 1:1–2).

Por lo tanto, este encabezado, «Al director musical. Masquil de los hijos de Coré», reitera lo que ya hemos señalado. Los Salmos nos enseñan y son cantos. Son instrucciones y canciones que han sido inspiradas por Dios con la intención de moldear lo que la mente piensa y lo que el corazón siente. Cuando nos sumergimos en los Salmos, somos moldeados por Dios.

Salmo 42: Luchar por obtener esperanza en Dios

El hombre piadoso del Salmo 42 se encontraba en medio de circunstancias difíciles que no se especifican. El versículo 3 señala que sus enemigos le «echan en cara a todas horas: "¿Dónde está tu Dios?"». Y el versículo 10 indica lo mismo, solo que describe el efecto como una herida mortal: «Mortal agonía me penetra hasta los huesos ante la burla de mis adversarios, mientras me echan en cara a todas horas: "¿Dónde está tu Dios?"». Esta burla concuerda con el tono general del salmo de que algo había salido terriblemente mal, tan mal que sus adversarios creían que Dios había abandonado al salmista. Este aparente abandono describe la condición externa del salmista, pero su condición emocional interna no era mejor. El salmista estaba deprimido y angustiado. En los versículos 5 y 11 se describe a sí mismo como «sumamente angustiado» e inquieto. En el versículo 3 señala: «Mis lágrimas son mi pan de día y de noche». Estaba tan desanimado que lloraba de forma continua. En el versículo 7 expresa que se sentía como si se ahogara: «... todas tus ondas y tus olas se han precipitado sobre mí».

Sin embargo, a pesar de todo esto, el salmista luchaba por tener esperanza. Dos veces en este salmo, en la mitad (v. 5) y en la conclusión (v. 11), se anima a sí mismo al utilizar el mismo lenguaje: «¿Por qué voy a inquietarme? ¿Por qué me voy a angustiar? En Dios pondré mi esperanza, y todavía lo alabaré. ¡Él es mi Salvador y mi Dios!». No se rendía ante el desánimo. Luchaba contra él.

No puedo decir cuántas veces luché durante mi ministerio pastoral en la Iglesia Bautista Bethlehem contra el desaliento con estas mismas palabras: «John, en Dios pondré mi esperanza. Todavía lo alabaré». Estos versículos fueron tan fundamentales para nuestra forma de pensar y hablar a principios de los años 80 que pusimos un enorme letrero en la pared externa del antiguo santuario que afirmaba: «En Dios esperaré». Nos conocían en todo el vecindario como la iglesia «en Dios esperaré» y, hasta el día de hoy, cuarenta años después, estas tres palabras en inglés se utilizan como la URL de nuestro sitio web.

Final agridulce

Las circunstancias externas del salmista eran complicadas, su condición emocional interna depresiva y llena de angustia. Pero luchaba por mantener la esperanza. Además, debemos considerar que al final del salmo todavía lucha por mantener la esperanza y aún no está donde quiere estar.

¿Es ese un final feliz? Como sucede con la mayoría de las cosas en esta vida, la conclusión está mezclada. La fe del salmista era asombrosa y su lucha valiente. Pero, de nuevo, él no estaba donde quería estar en cuanto a la esperanza, la paz y la alabanza. Ahora bien, este salmo está en la Biblia porque Dios así lo quiso. Por lo tanto, asumo que si escuchamos con atención, si observamos esta lucha del salmista, si meditamos en esta instrucción día y noche, entonces nuestros *pensamientos* sobre Dios y la vida, por un lado, y nuestras *emociones*, por el otro, serán moldeados por Dios. Nos volveremos más como un árbol que da fruto y cuyas hojas no se marchitan cuando llega la sequía de la dificultad, el desaliento y la angustia (Sal. 1:3). Examina conmigo las respuestas del salmista a su confusión interna.

Cómo respondió el salmista al desaliento

Hay seis formas en que el salmista responde al desaliento y a la angustia que enfrentaba. Las enumeraré en el orden en las que podrían haber ocurrido, aunque seguramente se superpongan y se repitan.[3] Estas seis cosas nos muestran lo que una persona piadosa hace en medio de la depresión espiritual y creo que están destinadas a moldear nuestra forma de ser y de lidiar con nuestras propias dificultades.

1. Le preguntó a Dios: «¿Por qué?»

«Y le digo a Dios, a mi Roca: "¿Por qué me has olvidado? ¿Por qué debo andar de luto y oprimido por el enemigo?"» (Sal. 42:9).

Primeramente, el salmista responde a sus circunstancias preguntándole a Dios: «¿Por qué?». En este versículo, *olvidado* es una exageración, y el salmista lo sabe. En el versículo anterior dijo: «Pero de día mandará Jehová su misericordia, y de noche su cántico estará conmigo» (v. 8, RVR1960).

A lo que se refiere es que *parece* como si Dios lo hubiera olvidado. *Siente* como si Dios se hubiera olvidado de él. Si no fuera así, se pregunta, ¿por qué no se alejan y consumen sus enemigos? Qué bueno sería si todos mantuviéramos la calma y cuidáramos cómo expresamos nuestra desesperación, de forma que nunca dijéramos nada equivocado; pero no somos así. Al menos, no suele suceder así. En el tumulto de las emociones descuidamos nuestras palabras.

Aprendimos esta verdad como iglesia al principio de mi ministerio de predicación, cuando prediqué el libro de Job. Con base en las palabras de Job 6:26: «¿Pensáis censurar palabras, y los discursos de un desesperado, que son como el viento?», durante los siguientes años le pusimos un nombre a eso que sucede cuando escuchamos las palabras de una persona en sufrimiento. Nos referíamos a ello como «escuchar palabras que se lleva el viento», lo cual significa que no debemos juzgar rápidamente las palabras de personas desesperadas. Hay que dejarlas ir. Están sufriendo. Sus palabras son a menudo emociones sin censura. Habrá tiempo suficiente después para discernir las convicciones más profundas del corazón. Deja que el viento se lleve las palabras mal elegidas. Son palabras que se lleva el viento.

Así que el salmista pregunta: «¿Por qué?». Es una pregunta legítima. Es posible que no haya hecho la pregunta con precisión teológica o lingüística, y si el salmista sabía que Dios no se había literalmente olvidado de él, dejaremos ir estas palabras. Demostrarán ser palabras que se lleva el viento.

2. Afirmó el amor soberano de Dios

«Esta es la oración al Dios de mi vida: que de día el Señor mande su amor, y de noche su canto me acompañe» (Sal. 42:8).

En segundo lugar, el salmista afirma el amor soberano de Dios hacia él en medio del desaliento. En los versículos 5 y 11, llama a Dios: «mi salvación y mi Dios». Y aunque escribe que parecía que Dios se había olvidado de él, nunca deja de creer en la soberanía absoluta de Dios en medio de toda su adversidad. Así que al final del versículo 7 declara: «… todas tus ondas y tus olas se han precipitado sobre mí». Todas *tus* ondas y *tus* olas se han precipitado sobre mí.

En otras palabras, todas las circunstancias tumultuosas, opresivas y desalentadoras son las olas *de Dios*. El salmista nunca pierde de vista las grandes verdades sobre Dios. Eran el lastre en su pequeño bote de la fe el cual evitaba que se sumergiera en el caos de sus emociones. Y hay muchos que han experimentado esta verdad en sus propias vidas. Muchos cristianos han aprendido que el alivio en medio del sufrimiento no se encuentra en ninguna parte si Dios no gobierna el viento y las olas. El salmista afirma el amor soberano de Dios por él en, y a través de, todos los problemas.

3. ¡Cantó!

«Esta es la oración al Dios de mi vida: que de día el Señor mande su amor, y de noche su canto me acompañe» (Sal. 42:8).

En tercer lugar, el salmista canta al Señor en la noche y suplica por su vida. Esta no es una alegre canción de esperanza. El salmista no sentía alegría en ese momento. Más bien buscaba la esperanza alegre. Esta es una canción de oración y súplica, una canción «al Dios de mi vida». Es decir, una canción que suplica por su vida.

Pero ¿no es sorprendente que *cantaba* su oración? Mi conjetura es que de aquí surgió el Salmo 42. Este mismo salmo puede ser esa canción de oración nocturna.

No muchos de nosotros podemos componer canciones cuando estamos desanimados y llorando día y noche. Por eso es bueno tener un salterio o un himnario lleno de verdades del evangelio. Por ejemplo, Isaac Watts escribió estos versos para cantarse:

¿Hasta cuándo ocultarás tu rostro?
Dios mío, ¿cuánto tiempo tardarás?
¿Cuándo sentiré los rayos celestiales
Que mis miedos ahuyentarán?
¿Cuánto tiempo mi pobre alma
Luchará y se esforzará en vano?
Tu palabra someterá mis enemigos
Y calmará mi dolor amargo.
(Watts, «Salmo 13»)

El salterio de 1912 contiene estos versos que se cantan de la misma manera que el salmista del Salmo 42 cantaba por la noche:

¿Cuánto tiempo habrás de olvidarme
Oh Señor de toda gracia?
¿Cuánto tiempo me acosarán los miedos
mientras que la oscuridad esconde tu rostro?

¿Cuánto tiempo me afligirán las penas
y convertirán mi día en noche?
¿Cuánto tiempo me oprimirán los enemigos
y triunfarán con su poder?

Señor mi Dios, mírame
y escucha mi sincero clamor;
No permitas que el sueño de la muerte me

envuelva,
ilumina mis ojos;

No sea que mi enemigo insultante
haga alarde de su éxito,
y mi enemigo jubiloso
se regocije en mi angustia.
(*El salterio*, «Salmo 22»)

Estas no son canciones de júbilo, ¡pero son canciones!
Canciones de fe. Se forman al pensar y sentir con Dios
en los Salmos.

4. Le predicó a su propia alma

*«¿Por qué voy a inquietarme? ¿Por qué me voy a
angustiar? En Dios pondré mi esperanza y todavía lo alabaré. ¡Él es mi Salvador y mi Dios!»*
(Sal. 42:5).

En cuarto lugar, el salmista le predica a su propia alma.
Esto es crucial en la lucha de la fe. Debemos aprender a
predicarnos la verdad a nosotros mismos. Martyn Lloyd–
Jones escribió:

¿Te has percatado que la mayor parte de tu
infelicidad en la vida se debe a que te estás
escuchando a ti mismo en lugar de hablar
contigo mismo? Considera los pensamientos
que tienes cada mañana. No los has generado
intencionalmente, pero te hablan, te recuer-
dan los problemas de ayer, etc. Alguien está
hablando. ¿Quién te está hablando? Tu «yo»

te está hablando. Ahora, la resolución de este hombre [en el Salmo 42] fue esta: en lugar de permitir que el «yo» hablara con él, comienza a hablar consigo mismo. Se pregunta: «¿Por qué voy a inquietarme? ¿Por qué me voy a angustiar?». Su alma le provocaba depresión y angustia. Entonces él se levanta y dice: «Sí, escucha un momento, te hablaré».⁴

De este lado de la cruz conocemos quién es el mejor fundamento de nuestra esperanza: Jesucristo, quien fue crucificado por nuestros pecados y triunfó sobre la muerte. Por lo tanto, lo más importante que debemos aprender es cómo predicarnos este evangelio a nosotros mismos:

Escúchame, «yo»: Si Dios está contigo, ¿quién puede estar en contra tuya? El que no escatimó ni a Su propio Hijo, sino que lo entregó por ti, ¿cómo no te dará también con Él todas las cosas por gracia? ¿Quién te acusará si has sido elegido por Dios? Si es Dios el que justifica, ¿quién te va a condenar? Cristo Jesús es el que murió, más que eso, quien resucitó, quien está a la diestra de Dios e intercede por ti. ¿Quién te apartará del amor de Cristo? (Romanos 8:31-35, parafraseado).

Si este salmista hubiera vivido después de la muerte y resurrección de Jesús, habría declarado algo como esto. Aprendamos a predicarnos el evangelio a nosotros mismos.

5. Recordó experiencias del pasado

«Recuerdo esto y me deshago en llanto: yo solía ir con la multitud, y la conducía a la casa de Dios. Entre voces de alegría y acciones de gracias hacíamos gran celebración» (Sal. 42:4).

En quinto lugar, el salmista recordó. Trajo a su mente experiencias del pasado. Recordó experiencias de adoración congregacional.

Esto enfatiza la importancia del culto congregacional en nuestras vidas. No tomes a la ligera el significado de esos momentos. Lo que hacemos en la adoración congregacional con otros cristianos es una interacción real con el Dios vivo. Dios quiere que estos encuentros con Él en la adoración congregacional preserven nuestra fe ahora de una forma que podamos recordar después. Si la adoración congregacional no fuera una verdadera obra sobrenatural de Dios, los recuerdos de las experiencias del salmista serían puro sentimentalismo. Pero el salmista no estaba sumergido en la nostalgia, más bien confirmaba su fe en medio de la confusión y el desaliento al recordar lo real que era Dios en la adoración congregacional.

6. Tuvo sed de Dios

«Cual ciervo jadeante en busca del agua, así te busca, oh Dios, todo mi ser. Tengo sed de Dios, del Dios de la vida. ¿Cuándo podré presentarme ante Dios?» (Sal. 42:1-2).

Finalmente, el salmista tiene sed de Dios como un ciervo jadea por agua. Lo que hace que esta actividad sea tan hermosa, y tan crucial para nosotros, es que no anhelaba principalmente alivio de sus circunstancias desfavorables. No estaba sediento de escapar de sus enemigos o de que fueran destruidos.

No es malo querer alivio y orar por ello, y algunas veces es correcto orar por la derrota de los enemigos, pero Dios es más importante que todo esto. Cuando pensamos y sentimos con Dios en los Salmos, este es el resultado principal: llegamos a amar a Dios. Deseamos ver a Dios, estar con Dios y estar satisfechos al admirar y regocijarnos en Dios.

Esta es mi mayor esperanza y mi mayor oración para ti en este libro. Mi objetivo es que Dios sea revelado y que tú desees conocerlo.

Contemplar el rostro de Dios en el evangelio de Cristo

Una traducción probable del final del versículo 2 es: «¿Cuándo podré ver el rostro de Dios?». La respuesta final a esa pregunta se dio en Juan 14:9 y 2 Corintios 4:4. Jesús señaló: «El que me ha visto a mí ha visto al Padre» (Juan 14:9). Y Pablo indicó que cuando nos convertimos a Cristo vemos «la luz del glorioso evangelio de Cristo, el cual es la imagen de Dios» (2 Cor. 4:4).

Cuando contemplamos el rostro de Cristo vemos el rostro de Dios, y observamos la gloria de Su rostro cuando escuchamos la historia del evangelio de Su muerte y resurrección. Es «la luz del glorioso evangelio de Cristo, el cual es la imagen de Dios».

Que Dios aumente nuestra hambre y sed de contemplar Su rostro. Y que nos permita cumplir nuestro deseo a través del evangelio de la gloria de Su Hijo, que es la imagen de Dios.

SALMO 51

Al director musical. Salmo de David, cuando el profeta
Natán fue a verlo por haber cometido David adulterio con Betsabé.

Ten compasión de mí, oh Dios, conforme a tu gran amor;
conforme a tu inmensa bondad, borra mis transgresiones.
Lávame de toda mi maldad y límpiame de mi pecado.

Yo reconozco mis transgresiones;
siempre tengo presente mi pecado.
Contra ti he pecado, solo contra ti,
y he hecho lo que es malo ante tus ojos;
por eso, tu sentencia es justa, y tu juicio, irreprochable.
Yo sé que soy malo de nacimiento;
pecador me concibió mi madre.
Yo sé que tú amas la verdad en lo íntimo;
en lo secreto me has enseñado sabiduría.

Purifícame con hisopo, y quedaré limpio;
lávame, y quedaré más blanco que la nieve.
Anúnciame gozo y alegría;
infunde gozo en estos huesos que has quebrantado.
Aparta tu rostro de mis pecados
y borra toda mi maldad.

Crea en mí, oh Dios, un corazón limpio,
y renueva la firmeza de mi espíritu.
No me alejes de tu presencia ni me quites tu santo Espíritu.
Devuélveme la alegría de tu salvación;
que un espíritu obediente me sostenga.
Así enseñaré a los transgresores tus caminos,
y los pecadores se volverán a ti.

Dios mío, Dios de mi salvación, líbrame de derramar sangre,
y mi lengua alabará tu justicia. Abre, Señor, mis labios,
y mi boca proclamará tu alabanza.
Tú no te deleitas en los sacrificios
ni te complacen los holocaustos;
de lo contrario, te los ofrecería. El sacrificio que te agrada
es un espíritu quebrantado; tú, oh Dios, no desprecias
al corazón quebrantado y arrepentido.

En tu buena voluntad, haz que prospere Sión;
levanta los muros de Jerusalén.
Entonces te agradarán los sacrificios de justicia,
los holocaustos del todo quemados,
y sobre tu altar se ofrecerán becerros.

3

Dios no desprecia al corazón quebrantado y arrepentido

SALMO 51

El capítulo anterior se enfocó en cómo estar desanimado *de una manera piadosa*, y ahora este capítulo se enfocará en cómo estar abatido *de una forma que honre a Dios.* Hay un patrón intencional aquí. Lo que hace que una persona sea cristiana no es que no se desanime, o que no peque ni se sienta miserable por ello. Lo que hace que una persona sea cristiana es la *conexión que tiene con Jesucristo.* Esta conexión es lo que determina la forma en que piensa y siente sobre su desaliento y su culpa.

Los Salmos fueron el libro principal de canciones de la iglesia primitiva y fueron diseñados por Dios, siglos antes, para despertar, expresar y moldear los pensamientos y sentimientos de los discípulos de Jesús. Aprendemos de los Salmos cómo pensar sobre el desaliento y la culpa, y aprendemos de los Salmos cómo sentirnos en momentos de desaliento y en tiempos de horrible lamento. Los Salmos nos muestran cómo desanimarnos bien y sentirnos arrepentidos de forma adecuada. Mi oración es que adquieras el hábito de meditar de tal manera en los Salmos que tus pensamientos y tus sentimientos se transformen por completo en pensamientos y sentimientos bíblicos.

La caída de David y el perdón

El Salmo 51 es uno de los pocos salmos en donde se señala su origen histórico. El encabezado del salmo es: «Al director musical. Salmo de David, cuando el profeta Natán fue a verlo por haber cometido David adulterio con Betsabé». Lo que sucedió con Betsabé es bien conocido. Aquí está en palabras de 2 Samuel 11:2–5:

> Una tarde, al levantarse David de la cama, comenzó a pasearse por la azotea del palacio, y desde allí vio a una mujer que se estaba bañando. La mujer era sumamente hermosa, por lo que David mandó que averiguaran quién era, y le informaron: «Se trata de Betsabé, que es hija de Elián y esposa de Urías el hitita». Entonces David ordenó que la llevaran a su presencia y, cuando Betsabé llegó, él se acostó con ella. Después de eso, ella volvió a su casa. Hacía poco que Betsabé se había purificado de su menstruación, así que quedó embarazada y se lo hizo saber a David.

David trató de cubrir su pecado al traer a casa a Urías
—el esposo de Betsabé— desde el campo de batalla para
que Urías pudiera dormir con ella y pensar que el niño
era suyo. Pero Urías era demasiado noble para acostarse
con su esposa mientras sus compañeros estaban en la
batalla, así que David dispuso que mataran a Urías para
que pudiera casarse rápidamente con Betsabé y ocultar
su pecado.

En una de las oraciones más subestimadas de
la Biblia, la historia termina con estas palabras: «...
lo que David había hecho le desagradó al Señor»
(2 Sam. 11:27). Después, Dios envió al profeta Natán a
David con una parábola que incitó a David a pronun-
ciar su propia condena. Natán le declaró a David: «¡Tú
eres ese hombre!» (2 Sam. 12:7). Entonces Natán pre-
guntó: «¿Por qué, entonces, despreciaste la palabra del
Señor?» (2 Sam. 12:9). David se quebrantó y confesó:
«¡He pecado contra el Señor!» (2 Sam. 12:13). Natán
respondió de forma asombrosa: «El Señor ha perdonado ya tu pecado, y no morirás. Sin embargo, tu hijo
sí morirá, pues con tus acciones has ofendido al Señor»
(2 Sam. 12:13–14).

«El Señor ha perdonado ya tu pecado»

Esto es indignante. Betsabé fue violada. Urías murió. El
bebé moriría. Y Natán declara: «El Señor ha perdonado
ya tu pecado». ¿Así de fácil? David cometió adulterio,
y debido a su poder como rey, podríamos llamarle a
esto una violación hecha por la realeza. David ordenó
el asesinato. Mintió. Despreció la Palabra del Señor.
Despreció al Señor. Y después, de manera sorprendente,
simplemente se nos indica que el Señor perdonó su

pecado (2 Sam. 12:13). ¿Qué clase de juez justo es Dios? No se puede pasar por alto la violación, el asesinato, la mentira y la profanación divina. Los jueces justos no hacen eso. Ninguno de nosotros aprobaríamos a un juez local que hiciera algo así en nuestra ciudad con un asesino y violador que tiene un buen abogado. Todos deberíamos indignarnos por el comportamiento de Dios aquí, excepto por una cosa. El apóstol Pablo comparte nuestra indignación y explica cómo Dios puede ser justo y el que justifica a los asesinos, violadores y mentirosos. Pablo nos lo declara en Romanos 3:25-26. Esta es una de las oraciones más importantes de la Biblia para comprender cómo se relaciona Jesús con los Salmos y con el Antiguo Testamento en general:

> Dios lo ofreció [a Jesús] como un sacrificio de expiación que se recibe por la fe en su sangre, para así demostrar su justicia. Anteriormente, en su paciencia, Dios había pasado por alto los pecados [eso es exactamente lo que Dios hizo con David en 2 Samuel 12:13]; pero en el tiempo presente ha ofrecido a Jesucristo para manifestar su justicia. De este modo Dios es justo y, a la vez, el que justifica a los que tienen fe en Jesús.

En otras palabras, la indignación que sentimos cuando Dios parece pasar por alto el pecado de David sería una gran indignación si Dios tan solo escondiera el pecado de David bajo una alfombra. *Pero no es así.* Dios observó, desde la época de David y a través de los siglos, la muerte de Su Hijo que moriría en lugar de David.

Entonces vemos que *la fe de David en la promesa misericordiosa que Dios hizo sobre un Mesías une a David con el Mesías.* Y en la mente omnisciente de Dios, los pecados de David son considerados como pecados de Jesús, y la justicia de Jesús es considerada como la justicia de David, y *así* es como Dios, de manera justa, pasa por alto el pecado de David.

Dios no escondió el pecado bajo una alfombra cósmica ni lo trató a la ligera, como si no fuera algo indignante. Él manifestó Su indignación al exigir la muerte indignante del inocente e infinitamente digno Hijo de Dios. Jesús declaró que vino a morir para defender y reivindicar la gloria de Dios que había sido profanada por pecados como el de David (¡y el nuestro!): «... ¿y acaso voy a decir: "Padre, sálvame de esta hora difícil"? ¡Si precisamente para afrontarla he venido! ¡Padre, glorifica tu nombre!» (Juan 12:27–28).

Cuando Jesús murió, declaró y demostró el valor infinito de la gloria de Dios. Esto significa que Dios, cuando pasó por alto ese pecado de David que pisoteó Su gloria, no estaba injustamente deshonrando Su nombre. Jesús ha logrado que la misericordia sea justa. Él absorbió la ira que David merecía y reivindicó el valor de la gloria del Dios que David despreció.

Apropiarse diariamente del perdón

La muerte de Jesús es la realidad objetiva de cómo David fue perdonado por su pecado y fue justificado en la presencia de Dios. Pero el Salmo 51 describe lo que David *sintió* y *pensó* al obtener la misericordia de Dios. Algunos dicen que los cristianos, debido a la muerte de Jesús, no deben ni orar ni confesar como lo hizo David en este salmo. No creo que eso sea correcto.

Para dejarlo en claro: por medio de Su vida y muerte, Jesús compró nuestro perdón y nos proporcionó la justicia de una vez por todas. No podemos añadir nada a esa compra o provisión. Obtenemos el perdón y la justicia solo mediante la fe.

Sin embargo, a la luz de la santidad de Dios y el mal del pecado, es correcto que, por medio de la oración y la confesión diaria, nos apropiemos y apliquemos lo que Él nos ha comprado. «Danos hoy nuestro pan cotidiano. Perdónanos nuestras deudas, como también nosotros hemos perdonado a nuestros deudores» (Mat. 6:11–12). Pedimos pan diariamente porque Él ha prometido satisfacer todas nuestras necesidades; y oramos diariamente para apropiarnos del perdón de Dios porque Él lo ha comprado y nos lo ha asegurado mediante la muerte de Jesús.

Las respuestas de David a su pecado

El Salmo 51 es la forma en que el pueblo de Dios debe pensar y sentir sobre los horrores de su propio pecado. Este es un salmo sobre cómo sentirnos abatidos por nuestro pecado. Trataré de guiarte a través de cuatro de las respuestas de David a su propio pecado.

1. Se volvió a Dios

«Ten compasión de mí, oh Dios, conforme a tu gran amor; conforme a tu inmensa bondad, borra mis transgresiones» (Sal. 51:1).

Primero, David recurrió a su única esperanza: la misericordia y el amor de Dios. Apeló a Dios tres veces: «Ten compasión», «conforme a tu gran amor» y «conforme a tu inmensa bondad». Esto es lo que Dios había prometido en Éxodo 34:6–7: «El Señor, el Señor, Dios clemente y compasivo, lento para la ira y grande en amor y fidelidad, que mantiene su amor hasta mil generaciones después, y que perdona la iniquidad, la rebelión y el pecado; pero que no deja sin castigo al culpable».

David sabía que había pecadores culpables que no serían perdonados. Y había pecadores culpables que, por alguna misteriosa obra de redención, no serían considerados culpables, sino que serían perdonados. El Salmo 51 es la manera en que David se aferra a ese misterio de misericordia.

Nosotros sabemos más que David sobre el misterio de esta redención puesto que *conocemos a Jesús*, pero nos aferramos a la misericordia de la misma manera que él. David se volvió a la misericordia y al amor de Dios. Nos volvemos a la misericordia y el amor de Dios *a través de Jesús*.

2. Pidió limpieza

«Lávame de toda mi maldad y límpiame de mi pecado. [...] Purifícame con hisopo, y quedaré limpio; lávame, y quedaré más blanco que la nieve» (Sal. 51:2,7).

En segundo lugar, David ora para ser limpiado de su pecado. ¿Por qué menciona el «hisopo»? Cuando una casa se contaminaba por una enfermedad y se tomaban medidas para eliminarla, el hisopo era la rama que los sacerdotes utilizaban para rociar sangre sobre la casa y declararla limpia (Lev. 14:51). David clama a Dios, quien es el sacerdote por excelencia, para recibir perdón y ser declarado limpio.

Por lo tanto es apropiado que los cristianos también le pidan a Dios que los limpie (1 Juan 1:7–9). Jesús compró nuestro perdón. Él pagó el precio completo. Sin embargo, Su obra consumada *no reemplaza* nuestra petición, sino que es el fundamento para nuestra petición. Es la razón por la que estamos seguros de que la respuesta será sí. Primero, David anheló impotente la misericordia de Dios. En segundo lugar, oró para que Dios en Su misericordia lo perdonara y limpiara.

3. Confesó la seriedad de su pecado

> *«Yo reconozco mis transgresiones; siempre tengo presente mi pecado. Contra ti he pecado, solo contra ti, y he hecho lo que es malo ante tus ojos; por eso, tu sentencia es justa, y tu juicio, irreprochable. Yo sé que soy malo de nacimiento; pecador me concibió mi madre. Yo sé que tú amas la verdad en lo íntimo; en lo secreto me has enseñado sabiduría»* (Sal. 51:3–6).

En tercer lugar, David confesó en al menos cinco formas que su pecado era extremadamente grave.

El pecado estaba grabado en su conciencia

David escribió que no podía sacar de su mente el pecado. Versículo 3: «Yo reconozco mis transgresiones; siempre tengo presente mi pecado». Siempre lo tenía presente. Como mínimo, conservaba una vívida conciencia de lo terrible de su pecado. Tal vez la escena recorría una y otra vez su mente. En cualquier caso, no podía deshacerse de su pecado.

Su pecado era principalmente contra Dios

Natán declaró que David despreciaba a Dios y despreciaba Su Palabra. Así que David señaló en el versículo 4: «Contra ti he pecado, solo contra ti, y he hecho lo que es malo ante tus ojos». Esto no significa que Betsabé, Urías y el bebé no sufrieron daño. Significa que lo que hace que el pecado sea pecado es que es *contra Dios*. Hacerle daño a un hombre es malo. Es horriblemente malo. Pero ese no es el mayor horror del pecado. El pecado es, en última instancia, un ataque contra Dios, un menosprecio de Dios. David admitió esto en términos sorprendentes: «Contra ti he pecado, solo contra ti».

Reivindicó a Dios y no a sí mismo

No hay justificación propia. No hay defensa. No hay escapatoria. Versículo 4: «… tu sentencia es justa, y tu juicio, irreprochable». Dios está justificado. Dios no tiene culpa. Si Dios arrojara a David al infierno, Dios sería inocente. Este es un arrepentimiento radical, centrado en Dios. Así es como piensan y sienten las personas redimidas. Dios sería justo al maldecirnos, y el simple hecho de respirar es por pura misericordia. Somos *perdonados* por pura misericordia. David reivindica la justicia de Dios, no se reivindica a sí mismo.

Llamó la atención sobre su corrupción innata

Versículo 5: «Yo sé que soy malo de nacimiento; pecador me concibió mi madre». Algunas personas usan su corrupción innata para sentir menos culpa. David la utilizó para intensificar su culpa. Para él, haber cometido adulterio, asesinato y mentira era una expresión de algo peor: que él era *por naturaleza* un adúltero, un asesino y un mentiroso. Si Dios no lo rescataba, haría más y más maldad.

Admite que pecó en su corazón contra la luz misericordiosa de Dios

Versículo 6: «Yo sé que tú amas la verdad en lo íntimo; en lo secreto me has enseñado sabiduría». Dios había sido el maestro de David. Dios le había dado sabiduría y David había hecho muchas cosas sabias. Pero el pecado se impuso. Para David, esto empeoraba aún más la situación: *He sido bendecido con tanto conocimiento y tanta sabiduría. ¡Oh, cuán profunda debe ser mi depravación para levantarme y pecar contra tanta sabiduría!*

Por ello, David se unió al profeta Natán y a Dios al condenar su pecado y confesar las profundidades de su corrupción.

4. Abogó por la renovación

«Anúnciame gozo y alegría; infunde gozo en estos huesos que has quebrantado. [...] Crea en mí, oh Dios, un corazón limpio, y renueva la firmeza de mi espíritu. No me alejes de tu presencia ni me quites tu santo Espíritu. Devuélveme la alegría de tu salvación; que un espíritu obediente me sostenga. Así enseñaré a los transgresores tus

caminos, y los pecadores se volverán a ti. [...]
Abre, Señor, mis labios, y mi boca proclamará
tu alabanza. [...] El sacrificio que te agrada es
un espíritu quebrantado; tú, oh Dios, no des-
precias al corazón quebrantado y arrepentido»
(Sal. 51:8,10–13,15,17).

Finalmente, después de volverse a la misericordia de
Dios, orar por el perdón y la limpieza, y confesar la pro-
fundidad y la grandeza de su pecado y corrupción, David
pidió más que perdón. Él abogó por que fuera renovado.
Estaba comprometido apasionadamente con ser transfor-
mado por Dios.

David derramó su corazón anhelando esta trans-
formación en al menos seis maneras. Solo puedo llamar
tu atención hacia ellas. El punto principal es que *las*
personas perdonadas se comprometen a ser transformadas
por Dios. El adúltero, el asesino y el mentiroso, cuando
experimentan el perdón de Dios, odian lo que eran y
anhelan ser cambiados por Dios.

Rogó que Dios le confirmara Su elección
Versículo 11: «No me alejes de tu presencia ni me quites
tu santo Espíritu». Algunos dicen que los elegidos no
deben orar así porque implica que se puede perder la
salvación, pero no estoy de acuerdo.

Cuando David o yo oramos: «No me alejes de tu
presencia ni me quites tu santo Espíritu», queremos
decir: No me trates como alguien que no es elegido.
No permitas que demuestre ser como uno de aquellos
descritos en Hebreos 6, quienes solo han probado el
Espíritu Santo. No me dejes caer y demostrar que solo

he sido atraído por el Espíritu y no sostenido por Él. Confírmame, oh Dios, que soy tu hijo y que nunca me alejaré.

Oró por un corazón y un espíritu nuevo, limpio y firme
Versículo 10: «*Crea en mí, oh Dios, un corazón limpio, y renueva la firmeza de mi espíritu*». El espíritu que el salmista pidió es un espíritu establecido y firme. Él deseaba terminar con el tipo de inestabilidad que acababa de experimentar.

Oró por un espíritu obediente y por la alegría de la salvación divina
Versículo 8: «Anúnciame gozo y alegría; infunde gozo en estos huesos que has quebrantado». Versículo 12: «Devuélveme la alegría de tu salvación; que un espíritu obediente me sostenga».

Es sorprendente que en este salmo David nunca ora directamente por el adulterio. Su corrupción comenzó con adulterio, lo que llevó al engaño, lo que condujo al asesinato, etc. ¿Fue así? No lo creo.

¿Por qué no pidió poder controlar sus deseos sexuales pecaminosos? ¿Por qué no oró para que lo hicieran responsable por sus actos? ¿Por qué no oró por tener ojos puros y pensamientos sin lujuria? La razón es esta: David sabía que el pecado sexual es un síntoma, no la enfermedad. Las personas caen en pecado sexual porque no tienen plenitud de gozo y alegría en Jesús. Sus espíritus no están firmes ni son obedientes. Por lo tanto vacilan, se sienten atraídos y ceden, porque Dios no tiene el lugar adecuado en sus sentimientos y pensamientos.

David sabía esto de sí mismo. También es verdad en nosotros. A través de las palabras de su oración,

David nos muestra la necesidad real de aquellos que pecan sexualmente. Este salmo no contiene una sola palabra sobre sexo. En cambio, David oró: «Anúnciame gozo y alegría; infunde gozo en estos huesos que has quebrantado. [...] Devuélveme la alegría de tu salvación; que un espíritu obediente [firme y establecido] me sostenga» (vv. 8,12). David clamó por un espíritu felizmente dispuesto a seguir a Dios. David quería ser generoso con las personas en lugar de explotar a las personas. Su oración nos demuestra profunda sabiduría.

Pidió a Dios que su alegría se desbordara en alabanza
Versículo 15: «Abre, Señor, mis labios, y mi boca proclamará tu alabanza». Cuando se quitan los obstáculos del camino, la alegría en Dios produce alabanza. Por eso ora: *Oh Dios, vence todo lo que paraliza mi corazón y cierra mi boca cuando debería alabarte. Haz que no pueda contenerme de gozo.*

Pidió que el resultado final fuese un testimonio eficaz
Versículo 13: «Así enseñaré a los transgresores tus caminos, y los pecadores se volverán a ti». David no se contentó con ser perdonado. No estaba satisfecho con estar limpio. No se contentó con ser elegido. No estaba satisfecho con tener un espíritu recto. No se contentó con estar gozoso en Dios. No estaría contento hasta que su vida quebrantada sirviera para sanar a otros. «Así enseñaré a los transgresores tus caminos, y los pecadores se volverán a ti».

Descubrió algo vital
Bajo todo esto, David descubrió que Dios lo había abatido con amor, y que un corazón quebrantado y

arrepentido es la marca de todos los hijos de Dios. Versículo 17: «El sacrificio que te agrada es un espíritu quebrantado; tú, oh Dios, no desprecias al corazón quebrantado y arrepentido».

Alegría del corazón quebrantado

Esto es fundamental. Ser cristiano significa estar quebrantado y arrepentido. El quebrantamiento marca la vida de los hijos felices de Dios hasta que mueren. Estamos quebrantados y arrepentidos todo el camino a casa, a menos que el pecado obtenga la ventaja. Estar quebrantado y arrepentido no va *en contra* de la alegría, la alabanza y el testimonio. Es el *sabor* de la alegría, la alabanza y el testimonio cristiano. Jonathan Edwards lo expresó mejor:

> Todos los afectos de la gracia [sentimientos y emociones] que son un [aroma] dulce para Cristo... son afectos de un corazón quebrantado. Un verdadero amor cristiano, ya sea para Dios o para los hombres, es un amor humilde de un corazón quebrantado. Los deseos de los santos, aunque fervientes, son deseos humildes: su esperanza es una esperanza humilde; y su alegría, incluso cuando es inefable, y llena de gloria, es una alegría humilde de un corazón quebrantado.[5]

SALMO 103

Salmo de David.

Alaba, alma mía, al Señor;
alabe todo mi ser su santo nombre. Alaba, alma mía, al Señor,
y no olvides ninguno de sus beneficios.

Él perdona todos tus pecados y sana todas tus dolencias;
él rescata tu vida del sepulcro
y te cubre de amor y compasión; él colma de bienes tu vida
y te rejuvenece como a las águilas.

El Señor hace justicia
y defiende a todos los oprimidos.
Dio a conocer sus caminos a Moisés;
reveló sus obras al pueblo de Israel.

El Señor es clemente y compasivo,
lento para la ira y grande en amor.
No sostiene para siempre su querella
ni guarda rencor eternamente.
No nos trata conforme a nuestros pecados
ni nos paga según nuestras maldades.
Tan grande es su amor por los que le temen
como alto es el cielo sobre la tierra.
Tan lejos de nosotros echó nuestras transgresiones
como lejos del oriente está el occidente.
Tan compasivo es el Señor con los que le temen
como lo es un padre con sus hijos.
Él conoce nuestra condición; sabe que somos de barro.

El hombre es como la hierba,
sus días florecen como la flor del campo:
sacudida por el viento,
desaparece sin dejar rastro alguno.
Pero el amor del Señor es eterno
y siempre está con los que le temen;
su justicia está con los hijos de sus hijos,
con los que cumplen su pacto
y se acuerdan de sus preceptos para ponerlos por obra.

El Señor ha establecido su trono en el cielo;
su reinado domina sobre todos.

Alaben al Señor, ustedes sus ángeles,
paladines que ejecutan su palabra y obedecen su mandato.
Alaben al Señor, todos sus ejércitos,
siervos suyos que cumplen su voluntad.
Alaben al Señor, todas sus obras
en todos los ámbitos de su dominio.
¡Alaba, alma mía, al Señor!

4
Alaba, alma mía, al Señor

SALMO 103

Habiendo recibido instrucciones del Salmo 42 sobre la depresión espiritual y del Salmo 51 sobre el arrepentimiento y la culpa, pasamos ahora al Salmo 103, que habla de agradecer y alabar a Dios por Su bondad. Si bien este salmo es para todos los creyentes, es particularmente relevante para los padres. En consecuencia, aunque gran parte de este capítulo enfatizará el papel de los padres, el Salmo 103 brinda a todos los creyentes instrucciones poderosas sobre cómo debemos pensar, sentir y actuar en respuesta a la misericordia, la bondad y la compasión de Dios.

La paternidad fiel bendice a Dios continuamente

Cuando el versículo 13 del Salmo 103 señala: «Tan compasivo es el Señor con los que le temen como lo es un padre con sus hijos», no significa que el Señor aprende

cómo ser Dios observando a los padres humanos.
Tampoco significa que Dios se pregunta si debería ser
compasivo y luego se percata de que los buenos padres
son compasivos, y por eso decide actuar con compasión
también.

Más bien, el versículo 13 significa que cuando
observas a un buen padre, estás viendo una imagen
de Dios. O para decirlo de otra manera: *Dios diseñó la
paternidad humana para ser un retrato de sí mismo.* Dios
tuvo un Hijo antes de crear a Adán. Él era Dios el
Padre antes de ser Dios el Creador. Sabía lo que quería
retratar antes de crear la representación.

La clara implicación para todos los padres es que
fuimos diseñados para mostrar la paternidad de Dios,
especialmente (pero no solo) a nuestros hijos. Y eso
implica que aprendemos a ser padres observando cómo
Dios cuida a Sus hijos. También implica que los niños
aprenden cómo es la paternidad de Dios al observarnos.

Somos como el polvo

Entonces, la cadena de influencia comienza con Dios,
el Padre infinitamente perfecto de hijos imperfectos, y
quien demuestra una buena paternidad, y continúa con
nosotros, para que a su vez podamos mostrar a nuestros
hijos y a otros cómo es la paternidad de Dios. Esa es la
vocación de un padre. Cuando David señala: «Tan compasivo es el Señor con los que le temen como lo es un
padre con sus hijos» (v. 13), quiso indicar que Dios creó
la paternidad a Su imagen, y la buena paternidad apunta
hacia Dios.

Cuando David declara en el versículo 14 que los padres (y el resto de nosotros) somos como el polvo («[Dios] conoce nuestra condición; se acuerda de que somos polvo», RVR1960), provocó que el salmista reflexionara en la brevedad de la vida humana y la infinita vida de Dios, y cómo se relaciona esto con nuestros hijos.

El hombre es como la hierba,
sus días florecen como la flor del campo:
sacudida por el viento,
desaparece sin dejar rastro alguno.
Pero el amor del Señor es eterno
y siempre está con los que le temen;
su justicia está con los hijos de sus hijos,
con los que cumplen su pacto
y se acuerdan de sus preceptos
para ponerlos por obra (vv. 15–18).

Los padres deben saber que no siempre estarán cerca de sus hijos. El versículo 17 hace referencia a los «hijos de sus hijos». Entonces, la pregunta que un padre debe hacerse es: *¿Cómo pueden mis hijos beneficiarse para siempre del amor de Dios? ¿Cómo pueden mis hijos convertirse en beneficiarios de la justicia de Dios, en lugar de ser condenados por ella?*

Los versículos 17–18 dan tres respuestas a estas preguntas. El firme amor de Dios y la justicia de Dios seguirán a tus hijos de generación en generación si estas tres cosas suceden:

1. si le temen (v. 17)
2. si guardan Su pacto (v. 18)
3. si cumplen Sus mandamientos (v. 18)

Cumplir el pacto de Dios hoy

Enfoquémonos por un momento en el segundo requisito: «… su justicia está con los hijos de sus hijos, con los que cumplen su pacto» (vv. 17–18). ¿Qué significa hoy cumplir el pacto de Dios? Las cosas han cambiado desde que el Mesías vino. En la última cena, Jesús levantó la copa que representa Su propia sangre y declaró: «Esta copa es el *nuevo pacto* en mi sangre, que es derramada por ustedes» (Luc. 22:20).

Ahora hay un nuevo pacto entre Dios y Su pueblo, un pacto que nos da la sangre de Cristo para cubrir nuestros pecados y el poder del Espíritu para permitirnos caminar con una vida renovada. El nuevo pacto requiere que estemos unidos a Jesús a través del nuevo nacimiento y que recibamos a Jesús como nuestro Salvador y Señor.

Entonces, cuando los versículos 17–18 señalan que el amor y la justicia de Dios bendecirán a nuestros hijos si mantienen el pacto de Dios, significa que nuestros hijos deben recibir a Jesús como el Salvador y Señor de sus vidas.

Las otras dos condiciones que David menciona para recibir el amor constante y el cuidado de Dios son temer a Dios (v. 17) y cumplir Sus mandamientos (v. 18).

Temer a Dios

Versículo 17: «Pero el amor del Señor es eterno y siempre está con los que le temen». Para nosotros, temer a Dios significa que Dios es tan poderoso, tan santo y tan asombroso que no nos atreveríamos a huir de Él, sino que corremos a Él por todo lo que promete ser para nosotros. Temer a Dios no es lo opuesto a acercarnos a Jesús el Mesías. Es más bien la *manera* en la que nos acercamos. Nos acercamos con reverencia y humildad. Vamos a Él sin pensar que Dios nos debe algo. Nos acercamos temblando, quebrantados y arrepentidos, temiendo que nuestros corazones inconstantes se alejen a menos que Él nos tome y nos guarde.

Cumplir Sus mandamientos

La tercera condición que David menciona (para que nuestros hijos experimenten la justicia de Dios para salvación y no para condenación) se encuentra en el versículo 18: «... con los que [...] se acuerdan de sus preceptos para ponerlos por obra». Esto significa que la fe en el Redentor debe ser real: confiar *realmente* en Cristo, someternos *realmente* a Su gobierno y atesorar *realmente* Su valor. Estas cosas sin duda transforman nuestras vidas. Así que, el requisito de obediencia en el versículo 18 simplemente pide que temamos a Dios y confiemos en Cristo de manera efectiva y fructífera. Solo la sangre y la justicia de Jesús nos brindan perdón y justificación, pero es nuestra obediencia, por imperfecta que sea, la que demuestra que Dios nos ha salvado. Nuestra obediencia demuestra que nuestra fe es real, que somos verdaderos guardianes del pacto, que nos aferramos a Jesucristo, nuestro preciado sustituto.

Así que, padres, recuerden que somos como el polvo. Somos como la hierba. Florecemos como la flor del campo. El viento pasa sobre ella y desaparece sin dejar rastro (vv. 15–16). Después de nosotros vienen nuestros hijos, y después vendrán sus hijos, y la pregunta para nosotros ahora es: ¿temerán a Dios?, ¿guardarán Su pacto?, ¿cumplirán Sus mandamientos? Si lo hacen, el amor constante de Dios y la justicia de Dios los bendecirán para siempre.

Bendigamos al Señor

Entonces, por encima de cualquier otra cosa, ¿qué enfatiza este salmo sobre lo que los padres deben hacer para guiar a sus hijos a esta condición de bienaventuranza? ¿Qué es lo más importante que este salmo pide que hagamos por nuestras familias y amigos, por nuestras iglesias, por nuestras ciudades y por nuestras almas? La respuesta es relevante para todos. La respuesta es: *bendice al Señor*.

El salmo comienza y termina con el salmista animando a su alma a bendecir al Señor, y animando a los ángeles, a las huestes del cielo y a las obras de las manos de Dios a hacer lo mismo. El salmo se enfoca abrumadoramente en bendecir al Señor. Versículos 1–2: «Alaba, alma mía, al Señor; alabe todo mi ser su santo nombre. Alaba, alma mía, al Señor, y no olvides ninguno de sus beneficios». Después comienza a enumerar los beneficios. Al final, en los versículos 20–22, concluye la lista:

> Alaben al Señor, ustedes sus ángeles,
> paladines que ejecutan su palabra
> y obedecen su mandato.
> Alaben al Señor, todos sus ejércitos,
> siervos suyos que cumplen su voluntad.

Alaben al Señor, todas sus obras
en todos los ámbitos de su dominio.
¡Alaba, alma mía, al Señor!

¿Qué significa bendecir al Señor? *Significa hablar bien de la grandeza y la bondad de Dios.* Es casi sinónimo de *alabanza.* El Salmo 34:1 los une así: «Bendeciré al Señor en todo tiempo; mis labios siempre lo alabarán». Observa la palabra *labios*: «... mis labios siempre lo alabarán». Bendecir al Señor significa *hablar* o *cantar* sobre la bondad y la grandeza del Señor.

David escribió, en los primeros y últimos versículos de este salmo, que hablar de la bondad y la grandeza de Dios debe surgir del alma. Bendecir a Dios con la boca, sin el alma, sería hipocresía. Jesús dijo: «Este pueblo me honra con los labios, pero su corazón está lejos de mí» (Mat. 15:8). David conocía el peligro de esta hipocresía y se exhortaba a sí mismo a no permitir que esto sucediera. Hablaba consigo mismo: *Ven, alma, mira la grandeza y la bondad de Dios. Únete a mi boca y bendigamos al Señor con todo nuestro ser.*

Como padres, quizás lo más efectivo que podemos hacer para ayudar a nuestros hijos a confiar en Dios es bendecir al Señor continuamente delante de ellos. Y hacerlo con sinceridad, desde nuestras almas.

Tres razones para bendecir al Señor

Podríamos utilizar varios capítulos más en este pequeño libro para desentrañar todas las razones por las que David animaba a su alma a bendecir al Señor. El Salmo 103 es uno de los salmos con mayor contenido evangélico en todo el libro. Sin embargo, por ahora solo mencionaré tres razones por las que David bendecía al Señor.

1. Dios es soberano

En primer lugar, debemos bendecir al Señor por Su soberanía. Versículo 19: «El Señor ha establecido su trono en el cielo; su reinado domina sobre todos». Permitamos que nuestros hijos nos escuchen decir: «Te bendigo, Señor, que tu reino gobierne sobre todos». Dios gobierna sobre todas las personas, todos los gobiernos, todos los sistemas meteorológicos, todos los animales, todas las moléculas y todas las galaxias. David sabía que Dios ejerce Su gobierno soberano a través de los ángeles y los seres celestiales, por lo que los llama a unirse a él en su bendición (vv. 20–22). Él declara: «Vengan, ángeles, bendigan al Señor mientras cumplen Su palabra. Vengan, residentes del cielo, bendigan al Señor mientras hacen Su voluntad. ¡Vengan, todas las obras de Sus manos en todas partes de Su dominio, bendigan al Señor!».

2. Dios es recto y justo

En segundo lugar, debemos bendecir al Señor por Su justicia y rectitud. Versículo 6: «El Señor hace justicia y defiende a todos los oprimidos». Permitamos que nuestros hijos nos escuchen defender de manera apasionada la justicia de Dios por los oprimidos. Al reunirnos para comer y en los devocionales familiares debemos decir cosas como: «Te bendecimos, oh Dios, por tu justicia y tu rectitud. Te bendecimos porque aunque el mal parezca tan fuerte, tu justicia reinará. Te bendecimos para que se haga justicia en esta era o en la siguiente. ¡Te alabamos, Señor!».

3. Dios es misericordioso y perdonador

Finalmente, debemos bendecir al Señor por Su misericordia y perdón. Si este salmo celebra algo de manera clara, es la inconmensurable misericordia de Dios al no hacernos responsables por nuestro pecado. Ese es el evangelio. Sabemos que todo se debe a Jesús. Difícilmente se han escrito palabras más dulces:

> Alaba, alma mía, al Señor...
> Él perdona todos tus pecados...
> No nos trata conforme a nuestros pecados
> ni nos paga según nuestras maldades.
> Tan grande es su amor por los que le temen
> como alto es el cielo sobre la tierra.
> Tan lejos de nosotros echó nuestras transgresiones
> como lejos del oriente está el occidente.
> (vv. 2–3, 10–12)

Padres, permitan que sus hijos los escuchen bendecir al Señor por el evangelio. Que escuchen que tu alma se regocija en Jesús. Permíteles escuchar que tu humilde corazón se llena de gratitud porque tus pecados (sí, los pecados de mamá y papá) han sido perdonados. Que escuchen tus afectos por el Salvador. Que te escuchen proclamar: «¡Señor, bendigo tu nombre porque has quitado mi culpa!». Y ama a tu esposa e hijos de la manera que Jesús te amó.

SALMO 69

Al director musical. Sígase la tonada de «Los lirios». De David.

Sálvame, Dios mío,
que las aguas ya me llegan al cuello.
Me estoy hundiendo en una ciénaga profunda,
y no tengo dónde apoyar el pie.
Estoy en medio de profundas aguas,
y me arrastra la corriente.
Cansado estoy de pedir ayuda;
tengo reseca la garganta.
Mis ojos languidecen,
esperando la ayuda de mi Dios.
Más que los cabellos de mi cabeza
son los que me odian sin motivo;
muchos son los enemigos gratuitos
que se han propuesto destruirme.
¿Cómo voy a devolver lo que no he robado?

Oh Dios, tú sabes lo insensato que he sido;
no te puedo esconder mis transgresiones.
Señor Soberano, Todopoderoso,
que no sean avergonzados por mi culpa
los que en ti esperan; oh Dios de Israel,
que no sean humillados por mi culpa
los que te buscan.
Por ti yo he sufrido insultos;
mi rostro se ha cubierto de ignominia.
Soy como un extraño para mis hermanos;
soy un extranjero para los hijos de mi madre.
El celo por tu casa me consume;
sobre mí han recaído
los insultos de tus detractores. Cuando lloro y ayuno,
tengo que soportar sus ofensas;
cuando me visto de luto,
soy objeto de burlas.
Los que se sientan a la puerta murmuran contra mí;
los borrachos me dedican parodias.

Pero yo, Señor, te imploro
en el tiempo de tu buena voluntad.
Por tu gran amor, oh Dios, respóndeme;
por tu fidelidad, sálvame.
Sácame del fango;
no permitas que me hunda.
Líbrame de los que me odian,
y de las aguas profundas.
No dejes que me arrastre la corriente;
no permitas que me trague el abismo,
ni que el foso cierre sus fauces sobre mí.
Respóndeme, Señor, por tu bondad y tu amor;
por tu gran compasión, vuélvete a mí.
No escondas tu rostro de este siervo tuyo;
respóndeme pronto, que estoy angustiado.
Ven a mi lado, y rescátame;
redímeme, por causa de mis enemigos.

Tú bien sabes cómo me insultan,
me avergüenzan y denigran;
sabes quiénes son mis adversarios.
Los insultos me han destrozado el corazón;
para mí ya no hay remedio.
Busqué compasión, y no la hubo;
busqué consuelo, y no lo hallé.
En mi comida pusieron hiel;
para calmar mi sed me dieron vinagre.

Que se conviertan en trampa sus banquetes,
y su prosperidad en lazo.
Que se les nublen los ojos, para que no vean;
y que sus fuerzas flaqueen para siempre.
Descarga tu furia sobre ellos;
que tu ardiente ira los alcance.
Quédense desiertos sus campamentos,
y deshabitadas sus tiendas de campaña.
Pues al que has afligido lo persiguen,
y se burlan del dolor del que has herido.

SALMO 69 —*continuado*

Añade a sus pecados más pecados;
no los hagas partícipes de tu salvación.
Que sean borrados del libro de la vida;
que no queden inscritos con los justos.

Y a mí, que estoy pobre y adolorido,
que me proteja, oh Dios, tu salvación.
Con cánticos alabaré el nombre de Dios;
con acción de gracias lo exaltaré.
Esa ofrenda agradará más al Señor
que la de un toro o un novillo
con sus cuernos y pezuñas.
Los pobres verán esto y se alegrarán;
ireanímense ustedes, los que buscan a Dios!
Porque el Señor oye a los necesitados,
y no desdeña a su pueblo cautivo.

Que lo alaben los cielos y la tierra,
los mares y todo lo que se mueve en ellos,
porque Dios salvará a Sión
y reconstruirá las ciudades de Judá.
Allí se establecerá el pueblo
y tomará posesión de la tierra.
La heredarán los hijos de sus siervos;
la habitarán los que aman al Señor.

5

Derrama tu indignación sobre ellos

SALMO 69

Como hemos visto, los Salmos son inspirados por Dios y, por lo tanto, su propósito es instruirnos cómo pensar sobre Dios, la naturaleza y la vida humana. Los Salmos también son poemas que despiertan, expresan y moldean nuestros sentimientos sobre Dios, la naturaleza humana y la vida.

En capítulos anteriores nos enfocamos en la depresión espiritual (Salmo 42), en el arrepentimiento y la culpa (Salmo 51) y en la gratitud y la alabanza (Salmo 103). Este capítulo se enfocará en la emoción de la ira, específicamente el deseo de venganza, esa ira que sentimos cuando sucede algo que es terriblemente incorrecto o injusto.

Cuando vemos maldad e injusticia en una película y los antagonistas parecen estar saliéndose con la suya, nos llenamos de ira. Por el otro lado, cuando un personaje noble, humilde y sacrificado arriesga su vida, captura a los villanos y los lleva ante la justicia, sentimos una profunda satisfacción. ¿Es bueno que nos sintamos así? Incluso en nuestras propias vidas, a menudo sufrimos amarga oposición y, en ocasiones, nos tratan de manera horrible. Nuestros corazones claman por justicia, por el castigo de nuestros adversarios. ¿Cómo deberíamos sentirnos con respecto a los que nos han ofendido o nos han hecho un daño terrible? ¿Cómo debemos sentirnos y cómo debemos pensar? ¿Qué debemos hacer?

Salmos que maldicen

Hay un grupo de salmos, conocidos como salmos imprecatorios, llamados así porque incluyen imprecaciones o maldiciones contra los enemigos de Dios. A menudo se considera que estos salmos plantean problemas para los cristianos porque Jesús nos enseñó: «Amen a sus enemigos, hagan bien a quienes los odian, bendigan a quienes los maldicen, oren por quienes los maltratan» (Luc. 6:27–28). Además, Jesús oró por Sus enemigos en la cruz: «Padre, perdónalos porque no saben lo que hacen» (Luc. 23:34). Parece que estos salmos enseñan lo contrario de lo que Jesús declaró e hizo.

Por ejemplo, consideremos el Salmo 69, que es uno de los salmos imprecatorios más extensos. ¿Cómo debe este salmo moldear nuestros pensamientos y sentimientos hacia Dios?

La clave está en cómo entendieron los autores del Nuevo Testamento este salmo. Recibimos mucha ayuda aquí, porque el Nuevo Testamento cita explícitamente siete de los versículos del Salmo 69, incluyendo partes

que son imprecatorias. Los escritores del Nuevo Testamento no se avergonzaban de los salmos imprecatorios.
De hecho, al parecer los consideraron especialmente
útiles para explicar la obra de Jesús y lo que significa
para nosotros.

Salmo 69: Los perseguidos y sus enemigos

El contexto del Salmo 69 es que David se sentía abru-
mado por sus enemigos. Estos no parecen haber sido
enemigos militares, sino enemigos personales, y eran
despiadados y crueles.

David no creía ser perfecto. De hecho, en el versículo 5 admite que había cometido errores y que Dios lo
sabía: «Oh Dios, tú sabes lo insensato que he sido; no te
puedo esconder mis transgresiones». Pero las hostilida-
des contra él no se debían a esos errores: los enemigos
de David lo odiaban *sin causa*. Lo atacaban con menti-
ras. Versículo 4: «Más que los cabellos de mi cabeza son
los que me odian sin motivo; muchos son los enemigos
gratuitos que se han propuesto destruirme. ¿Cómo voy a
devolver lo que no he robado?».

Celo por la gloria de Dios

Lo que estaba en juego en este salmo es que David
tenía celo de la gloria de Dios, y sus adversarios se lo
reprochaban. Versículo 7: «... *por ti* [oh Dios] yo he
sufrido insultos; mi rostro se ha cubierto de ignominia».
Verso 9: «*El celo por tu casa* [oh Dios] me consume;
sobre mí han recaído los insultos de tus detractores». En
otras palabras, su sufrimiento no solo era inmerecido,

sino que lo soportaba precisamente por ser un representante de Dios. «Sobre mí han recaído los insultos de tus detractores». Cuando Dios recibía reproches, el salmista recibía reproches. Las personas que odiaban a Dios también le hacían la vida imposible a David, porque él representaba a Dios.

Súplica por el rescate

David le pidió a Dios que lo rescatara de esta miserable situación. Versículo 14: «Sácame del fango; no permitas que me hunda. Líbrame de los que me odian, y de las aguas profundas». Versículo 18: «Ven a mi lado, y rescátame; redímeme, por causa de mis enemigos».

Después vienen los versículos 22–28, que son por completo imprecaciones o maldiciones sobre sus enemigos. David oró a Dios para que estos enemigos, sus enemigos y los enemigos de Dios, experimentaran toda la fuerza del juicio de Dios y no fueran absueltos. David no oraba por la salvación de ellos; oraba por su condenación:

> Que se conviertan en trampa sus banquetes,
> y su prosperidad en lazo.
> Que se les nublen los ojos, para que no vean;
> y que sus fuerzas flaqueen para siempre.
> Descarga tu furia sobre ellos;
> que tu ardiente ira los alcance.
> (vv. 22–24)

Clamor por ayuda

David concluye el salmo con otro clamor de ayuda y una promesa de alabanza. Versículos 29–30: «Y a mí, que estoy pobre y adolorido, que me proteja, oh Dios, tu salvación. Con cánticos alabaré el nombre de Dios; con acción de gracias lo exaltaré». En resumen, aquí tenemos al rey David, que no era un hombre perfecto (v. 5), pero sí un hombre justo (v. 28), un hombre que amaba la gloria de Dios, que confiaba en la misericordia de Dios para ser rescatado (v. 18), que defendía la causa de los humildes (vv. 32–33) y que sufría la incansable persecución de sus enemigos y los enemigos de Dios. En medio de este lamento y súplica por ayuda, David dedicó siete versículos a pedirle a Dios que castigara a sus enemigos.

Salmo 69 en el Nuevo Testamento

Entonces, ¿cómo aborda el Nuevo Testamento este salmo?

Lo más importante es que, cuando el Nuevo Testamento cita este salmo, no se avergüenza de él ni lo critica. Nunca lo trata como uno que debamos rechazar o abandonar. Nunca trata el salmo como una venganza personal *pecaminosa*. El Nuevo Testamento nos enseña —tal como lo esperaríamos puesto que Jesús consideraba los Salmos inspirados por Dios (Mar. 12:36; Juan 10:35; 13:18)— que este salmo debe respetarse y honrarse como verdad sagrada.

El Nuevo Testamento honra el Salmo 69 citándolo por lo menos en dos formas importantes: cita el salmo como las palabras de David y cita el salmo como las palabras de Jesús. Consideremos estos puntos por separado, y luego cerremos este capítulo preguntándonos cómo deberíamos leer el salmo hoy, y cómo debemos pensar y sentir sobre la oración que David hace al pedir que sean castigados los hombres violentos y malvados.

Salmo 69 como las palabras de David

En primer lugar, Romanos 11:9–11 cita el Salmo 69:22–23. Esto es lo que el salmo declara: «Que se conviertan en trampa sus banquetes, y su prosperidad en lazo. Que se les nublen los ojos, para que no vean; y que sus fuerzas flaqueen para siempre».

Así comienza la oración de David. Le suplica a Dios que derrame Su indignación sobre sus adversarios (v. 24). Pide en oración que puesto que le dieron veneno por comida (v. 21), que la mesa de sus adversarios se convierta en perdición. Lo mismo que deseaban para él sería su juicio. Y oró para que fueran cegados e incapaces de encontrar su camino, y que la debilidad los acosara siempre.

En otras palabras, esta oración pide su condenación y destrucción. Los versículos 27–28 dicen: «... no los hagas partícipes de tu salvación. Que sean borrados del libro de la vida; que no queden inscritos con los justos». David los consigna a la perdición, al infierno.

Venganza personal no pecaminosa

Ahora, quizás piensas que si esto fuera una venganza personal pecaminosa, el apóstol Pablo al menos evitaría y tal vez corregiría el salmo. Pero hace todo lo contrario. Pablo va directamente a este texto como apoyo de lo que enseñaba en Romanos 11. No le huye al salmo. En Romanos 11, el apóstol enseña que Israel en su mayoría había rechazado a Jesús como su Mesías, y que estaba bajo el juicio de Dios. El juicio era que se había producido un endurecimiento en la mayor parte de Israel para que no creyeran.

Romanos 11:7 señala: «¿Qué concluiremos? Pues que Israel no consiguió lo que tanto deseaba, pero sí lo consiguieron los elegidos. Los demás fueron endurecidos». Más adelante en el capítulo, Pablo continúa: «Hermanos, quiero que entiendan este misterio para que no se vuelvan presuntuosos. Parte de Israel se ha endurecido, y así permanecerá hasta que haya entrado la totalidad de los gentiles» (Rom. 11:25). Así que una de las principales enseñanzas de Pablo en Romanos 11 es que Dios está juzgando a Israel con este endurecimiento hasta que se salve el número de los gentiles designado por Dios.

Palabras en nombre de Dios
En ese contexto, Pablo se remonta al Salmo 69 para apoyar su punto al citar los versículos 22–23 en Romanos 11:9–11: «Y David dice: "Que sus banquetes se les conviertan en red y en trampa, en tropezadero y en castigo. Que se les nublen los ojos para que no vean, y se encorven sus espaldas para siempre"».

En otras palabras, Pablo interpreta las palabras de David no como una venganza personal pecaminosa, sino como una expresión confiable de lo que les sucede a los adversarios de los ungidos de Dios. David era el rey ungido de Dios, y estaba siendo rechazado, reprochado y reprendido. David manifestó mucha paciencia en su vida (Sal. 109:4), pero llegó un momento en el que habló como ungido e inspirado por Dios, y mediante su oración entrega a sus adversarios a la oscuridad y a la dureza de corazón. Ellos experimentarían este juicio porque David hablaba en nombre de Dios.

Para Pablo, este salmo no son palabras emocionales de represalia en la voz de David. Más bien, son palabras sobrias y proféticas de juicio que David, el ungido de Dios, quiere traer a sus adversarios. Es por eso que Pablo cita estas palabras en Romanos 11, donde enfatiza este punto: los adversarios de Cristo, el Mesías de Dios, serán oscurecidos y endurecidos como parte del juicio de Dios.

Por lo tanto, la primera manera en que el Nuevo Testamento cita el Salmo 69 es como palabras proféticas de juicio, las cuales provienen del portavoz inspirado por Dios sobre los adversarios del ungido de Dios.

Salmo 69 como las palabras de Jesús

La segunda forma en que el Nuevo Testamento cita el Salmo 69 es como las palabras del mismo Jesús. La razón de esto es que Jesús es el Hijo de David (Rom. 1:3; Mat. 21:15; 22:42), y lo que le sucedió a David, siendo el ungido real de Dios, era un presagio del máximo Ungido, el Mesías, Jesús. Jesús leyó este salmo y vio Su propia misión vivida con antelación.

Aquí hay cuatro ejemplos de cómo el Nuevo Testamento usa el lenguaje del Salmo 69 como palabras de Jesús.

Jesús limpia el templo

En Juan 2:13–17 leemos que Jesús expulsó a los vendedores del templo. El versículo 16 declara: «A los que vendían las palomas les dijo: ¡Saquen esto de aquí! ¿Cómo se atreven a convertir la casa de mi Padre en un mercado?».

Los discípulos, conocedores de la Biblia, observaron esta pasión por la casa de Dios y escucharon que Jesús llamó al templo «la casa de mi Padre», y recordaron las palabras del Salmo 69:9. Juan 2:17 señala: «Sus discípulos se acordaron de que está escrito: "El celo por tu casa me consumirá"». Esas son palabras del Salmo 69:9. Esto significa que los discípulos interpretaron las palabras y acciones de David como un presagio de las palabras y acciones de Cristo cuando limpió el templo.

Jesús, odiado por los suyos

En Juan 15:24–25 se nos muestra que Jesús era odiado por los líderes judíos de la misma manera que David fue odiado por su propio pueblo (v. 8). Esta vez, el mismo Jesús es el que cita explícitamente el Salmo 69 como parte de la «ley» de Dios o la instrucción de Dios. Él declaró: «Si yo no hubiera hecho entre ellos las obras que ningún otro antes ha realizado, no serían culpables de pecado. Pero ahora las han visto, y sin embargo a mí y a mi Padre nos han aborrecido. Pero esto sucede para que se cumpla lo que está escrito en la ley de ellos: "Me odiaron sin motivo"». Esta es una cita del Salmo 69:4: «Más que los cabellos de mi cabeza son los que me odian sin motivo».

Jesús mismo era consciente de la experiencia de David y la consideró como una figura de la suya. Jesús esencialmente está diciendo: «El odio hacia David por sus adversarios apunta a mi experiencia y debe cumplirse en mí».

Jesús en la cruz

En la cruz, en el momento más importante de la historia, Jesús concluyó Su vida al cumplir el Salmo 69 de manera explícita. En el Salmo 69:21, David dijo: «En mi comida pusieron hiel; para calmar mi sed me dieron vinagre». Evidentemente, Jesús había vivido este salmo, absorbido este salmo y lo había convertido en parte de Su propio ser. De lo contrario, no sé cómo podríamos explicar Juan 19:28–30. Aquí estaba, colgado en la cruz en horrible agonía, y leemos:

> Después de esto, como Jesús sabía que ya todo había terminado, y para que se cumpliera la Escritura, dijo: «Tengo sed». Había allí una vasija llena de vinagre; así que empaparon una esponja en el vinagre, la pusieron en una caña y se la acercaron a la boca. Al probar Jesús el vinagre, dijo: «Todo se ha cumplido». Luego inclinó la cabeza y entregó el espíritu.

Según el apóstol Juan, Jesús murió cumpliendo el Salmo 69. ¿Qué más glorioso tributo se podría dar a un salmo? El mismo salmo que tendemos a pensar que es un problema debido a sus imprecaciones fue el que vivió Jesús, y el que lo llevó a la cruz y a través de la cruz.

Jesús soportó el reproche
Una ilustración más del Salmo 69 como palabras de Jesús proviene de Romanos 15, donde Pablo llama a los cristianos a ser pacientes con los débiles, a negarse a sí mismos y a recibir con humildad a los demás. De manera sorpresiva, Pablo se remonta de nuevo al Salmo 69:9 y señala: «Porque ni siquiera Cristo se agradó a sí mismo, sino que, como está escrito: "Sobre mí han recaído los insultos de tus detractores"» (Rom. 15:3). Pablo tomó las palabras de David y las

consideró cumplidas en Cristo. Y el enfoque específico es que Cristo soportó los reproches de los hombres voluntariamente.

Así que parece que el Salmo 69 tiene dos vertientes en el Nuevo Testamento. Una de ellas es el juicio: las imprecaciones no son represalias personales pecaminosas, sino una aprobación profética de la justa retribución de Dios por el pecado. La otra vertiente es el sufrimiento del ungido de Dios. Cristo soporta este sufrimiento por amor a Dios. Y el sufrimiento es el medio por el que los adversarios son llevados al arrepentimiento y son salvados, o el medio por el que son confirmados en su dureza y son condenados.

¿Cómo debe afectarnos el Salmo 69?

Podemos dar un paso atrás ahora y preguntarnos: ¿qué debemos pensar y sentir cuando leemos el Salmo 69 hoy? Me gustaría ofrecer tres respuestas a esa pregunta.

Aprobar el juicio de Dios

Debemos escuchar la divinamente inspirada voz de David, el ungido del Señor, quien sufrió por la gloria de Dios y expresó deseo y aprobación de que Dios juzgara a los adversarios impenitentes del Señor. David dejó en claro que el juicio de Dios llegaría, que es correcto e incluso deseable, y que debe venir cuando los adversarios estén más allá del arrepentimiento. Se avecina un juicio divino, y en ese día los cristianos aprobarán lo que Dios hará. Esto es lo que las imprecaciones

de David dejan en claro. Esto es algo que debemos
pensar y sentir.

Presagio del ministerio de Jesús

En segundo lugar, debemos reconocer que la experiencia
de David en el Salmo 69 era un presagio del ministerio
de Jesús. Lo que David experimentó en ese salmo como
el ungido del Señor, Jesús lo experimentaría y lo cumpli-
ría, en mayor medida, en Su propio sufrimiento y muerte.
El sufrimiento de Jesús sería tanto un sufrimiento de
salvación como uno de condenación. Para aquellos que
se glorían al aceptar Su sufrimiento, serán salvos. Para
aquellos que se endurecen por ello, serán condenados.

> ¿No ves que desprecias las riquezas de la
> bondad de Dios, de su tolerancia y de su
> paciencia, al no reconocer que su bondad
> quiere llevarte al arrepentimiento? Pero por
> tu obstinación y por tu corazón empedernido
> sigues acumulando castigo contra ti mismo
> para el día de la ira, cuando Dios revelará su
> justo juicio (Rom. 2:4–5).

Incentivo a perdonar

Finalmente, ¿qué hay de nosotros? Cuando leemos las
palabras del Salmo 69, ¿qué debemos pensar, sentir y
hacer de manera personal?

Lo más importante es no tomar estas palabras
como un permiso para maldecir a nuestros enemigos. De
hecho, en la mente de Pablo, el salmo nos conduce en
dirección opuesta. Pablo cita el salmo en Romanos 15:3
para alentarnos a negarnos a nosotros mismos *en lugar* de

satisfacer nuestra sed de venganza. «Porque ni siquiera Cristo se agradó a sí mismo, sino que, como está escrito: "Sobre mí han recaído los insultos de tus detractores"». En otras palabras, debemos abstenernos y perdonar. Debemos tener un anhelo por perdonar y ser misericordiosos, pero no porque no haya ira, castigo ni juicio en el Salmo 69. Es precisamente porque *hay juicio* que no es asunto nuestro ejecutarlo. Puesto que es Dios quien juzga, y ya que es correcto que lo haga, podemos seguir a Jesús en el sufrimiento por el bien de aquellos que nos han perjudicado:

> No os venguéis vosotros mismos, amados míos, sino dejad lugar a la ira de Dios; porque escrito está: Mía es la venganza, yo pagaré, dice el Señor. Así que, si tu enemigo tuviere hambre, dale de comer; si tuviere sed, dale de beber; pues haciendo esto, ascuas de fuego amontonarás sobre su cabeza (Rom. 12:19–20).

Las *ascuas de fuego* son señal de penitencia y purificación donde hay arrepentimiento, y de castigo donde no lo hay. Nadie se sale con la suya en este universo. Todo lo malo será debidamente castigado, ya sea en la cruz de Cristo para los que se arrepienten, o en el infierno para los que no. «Mía es la venganza [...] dice el Señor». Dios decidirá y nosotros estaremos de acuerdo. Pero hasta ese día de juicio, seguimos las palabras del Rey ungido: «Amen a sus enemigos, hagan bien a quienes los odian, bendigan a quienes los maldicen, oren por quienes los maltratan [...] y serán hijos del Altísimo» (Lucas 6:27–29,35).

SALMO 96

Canten al Señor un cántico nuevo;
canten al Señor, habitantes de toda la tierra.
Canten al Señor, alaben su nombre;
anuncien día tras día su victoria.
Proclamen su gloria entre las naciones,
sus maravillas entre todos los pueblos.
¡Grande es el Señor y digno de alabanza,
más temible que todos los dioses!
Todos los dioses de las naciones no son nada,
pero el Señor ha creado los cielos.
El esplendor y la majestad son sus heraldos;
hay poder y belleza en su santuario.

Tributen al Señor, pueblos todos,
tributen al Señor la gloria y el poder.
Tributen al Señor la gloria que merece su nombre;
traigan sus ofrendas y entren en sus atrios.
Póstrense ante el Señor en la majestad de su santuario;
¡tiemble delante de él toda la tierra!

Que se diga entre las naciones:
«¡El Señor es rey!»
Ha establecido el mundo con firmeza;
jamás será removido.
Él juzga a los pueblos con equidad.
¡Alégrense los cielos, regocíjese la tierra!
¡Brame el mar y todo lo que él contiene!
¡Canten alegres los campos y todo lo que hay en ellos!
¡Canten jubilosos todos los árboles del bosque!
¡Canten delante del Señor, que ya viene!
¡Viene ya para juzgar la tierra!
Y juzgará al mundo con justicia,
y a los pueblos con fidelidad.

6

Declara su gloria a las naciones

SALMO 96

Hemos observado que los Salmos son palabras de Dios y son canciones; por lo tanto, su propósito es *moldear nuestros pensamientos y sentimientos*. En el capítulo 1 analizamos el Salmo 42 para estudiar la depresión espiritual y *cómo experimentar desánimo adecuadamente*. El capítulo 2 fue una evaluación del Salmo 51, específicamente *cómo sentirnos abatidos de forma apropiada* por nuestra culpa y arrepentimiento. En el capítulo 3, al salir de este desaliento y arrepentimiento, el Salmo 103 nos enseñó la importancia, especialmente para los padres, de expresar continuamente gratitud, alabanza y bendición al Señor. Y en el capítulo 4 aprendimos del Salmo 69 *cómo soportar correctamente la oposición, el maltrato y la injusticia*.

Ahora que sabemos cómo procesar la depresión y el desaliento, cómo manejar el desconcierto de la culpa y el arrepentimiento, cómo responder a la oposición y cómo bendecir a Dios en todo momento y de diversas maneras, ¿qué podría faltar? ¿A dónde nos conducen finalmente los Salmos?

La clave y la meta de los Salmos, en todo momento, es que Jesucristo sea exaltado entre todos los pueblos. Ninguna porción de los Salmos, ninguna porción de las Escrituras, está completa sin Él, y tampoco lo está este libro. Es por eso que, en este último capítulo, nos unimos al autor del Salmo 96 para ensalzar y glorificar a Dios como Creador, Salvador y Juez soberano. Los Salmos, finalmente, nos conducen a los confines de la tierra, con un canto en nuestros labios, hasta el día en que nuestro Salvador regrese y reciba Su reinado entre todas las naciones.

Música y misiones para la gloria de Dios

Lo que me llama la atención del Salmo 96 son los cantos y las naciones, o la música y las misiones, para la gloria de Dios. ¿Cómo debemos pensar y sentir en sintonía con Dios sobre las naciones, los cantos y la gloria del Rey venidero? ¿Cómo se relacionan en este salmo y en la era venidera? ¿Y cómo se relacionan con Jesús?

Dios no te dio a conocer Sus caminos, ni te reveló Su gloria, ni te mostró Sus maravillosas obras solamente a ti, o solo a tu grupo étnico. Lo hizo con las naciones en mente, todas las naciones. Este pasaje no se refiere a estados políticos, sino a naciones, lo que el salmo llama «pueblos»: coreanos o kurdos, somalíes o sioux, irlandeses o italianos. Sigue conmigo el enfoque en las naciones en este salmo. El salmista señala que el pueblo de Dios debe hacer al menos tres cosas para las naciones: *declarar* la gloria de Dios, *convocarlas* para que se unan y *advertirles* del juicio en caso de que no lo hagan.

Declara la gloria de Dios

Primero, debemos declarar a las naciones la verdad sobre la gloria, las obras y la salvación de Dios. Versículos 2–3: «Canten al Señor, alaben su nombre; anuncien día tras día su victoria. Proclamen su gloria entre las naciones, sus maravillas entre todos los pueblos». Habla de Su salvación, declara Su gloria, anuncia Sus maravillosas obras. Haz esto «entre las naciones». Haz esto «entre *todos* los pueblos». Todos ellos. No excluyas ninguno. Después, siguiendo el ejemplo del versículo 10, resume tu declaración con el mensaje del gobierno de Dios sobre las naciones. «Que se diga entre las naciones: "¡El Señor reina!"».

Convoca a las naciones para que se unan a ti

En segundo lugar, debemos convocar a las naciones para que se unan a nosotros, el pueblo de Dios, a darle gloria y cantarle alabanzas. Versículo 7: «Tributen al Señor, pueblos todos, tributen al Señor la gloria y el poder». Versículo 1: «Canten al Señor, habitantes de toda la tierra». No te limites a contarle a los habitantes de la tierra sobre la grandeza y la gloria de Dios, pídeles que se unan a ti en alabanza. Llámalos a que se conviertan. Todas las naciones deben inclinarse ante el único Dios verdadero de Israel, a quien conocemos ahora como el Padre de nuestro Señor Jesús, el Mesías.

Adviérteles del juicio

En tercer lugar, no debemos solamente declarar la gloria de Dios a las naciones, ni tan solo convocarlas a unirse a nosotros para darle gloria a Dios, sino que también debemos advertirles de cuál es la razón de esta declaración y convocatoria: es debido a su dependencia de los dioses falsos y el juicio que llegará a todas las naciones. Versículo 5: «Todos los dioses de las naciones no son nada, pero el Señor ha creado los cielos». Versículo 10: «Ha establecido el mundo con firmeza; jamás será removido. Él juzga a los pueblos con equidad». Versículo 13: «¡Viene ya para juzgar la tierra! Y juzgará al mundo con justicia, y a los pueblos con fidelidad».

En otras palabras, cuando el salmista declara: «... canten al Señor, habitantes de *toda* la tierra» (v. 1), «... proclamen [...] sus maravillas entre *todos* los pueblos» (v. 3), «¡Grande es el Señor [...], más temible que *todos* los dioses!» (v. 4), «... ¡tiemble delante de él *toda* la tierra!» (v. 9) y «*Todos* los dioses de las naciones no son nada» (v. 5), ¡realmente se refiere a todos! El Dios de los Salmos demanda la lealtad de cada pueblo, de todos ellos, en toda su inimaginable diversidad de culturas y religiones.

Misiones: un llamado glorioso a las naciones

El salmo implica que no debemos excluir a ninguna nación, a ningún pueblo, o a ninguna familia; todos deben convertirse al Dios viviente y verdadero, y deben abandonar a todos sus otros dioses. No permitas que ninguna tendencia del multiculturalismo te haga retroceder ante la obra amorosa de llamar a todas las personas de cualquier otra religión para que se arrepientan y atribuyan toda la gloria al único y verdadero Dios vivo.

Considera este pasaje del Nuevo Testamento:

«Por eso te alabaré entre las naciones;
cantaré salmos a tu nombre».
En otro pasaje dice:
«Alégrense, naciones, con el pueblo de Dios».
Y en otra parte:
«¡Alaben al Señor, naciones todas!
¡Pueblos todos, cántenle alabanzas!».
A su vez, Isaías afirma:
«Brotará la raíz de Isaí,
el que se levantará para gobernar a las naciones;
en él los pueblos pondrán su esperanza»
(Rom. 15:9–12).

Estas citas son de los Salmos, Deuteronomio e Isaías. Pablo el apóstol los cita, uno tras otro, para apoyar la verdad de la venida de Jesús como el Mesías *para todas las naciones*. Esto queda especialmente claro en los dos versículos previos: «Les digo que Cristo se hizo servidor de los judíos para demostrar la fidelidad de Dios, a fin de confirmar las promesas hechas a los patriarcas, y para que los gentiles [las naciones] glorifiquen a Dios por su compasión, como está escrito...» (Rom. 15:8–9). Luego menciona las promesas del Antiguo Testamento que invitan a todas las naciones a alabar a Dios por Su misericordia, por la obra de Jesucristo en la cruz al morir por los pecadores, haciendo posible la misericordia para con nosotros, gentiles rebeldes y pecadores.

¿Cómo deberíamos sentirnos tú y yo sobre este énfasis en todas las naciones y todos los pueblos, el cual vemos a través del Antiguo y el Nuevo Testamento?

Dios no nos dice esto para que nos sintamos agobiados, ¡sino para que nos sintamos entusiasmados! Y este estímulo es tanto para los que *son* misioneros como para los que *envían* misioneros; para todos nosotros que creemos en el único Dios verdadero, revelado más plenamente en el Dios-hombre, Jesucristo.

¿Por qué digo esto? Observa el versículo 1 del Salmo 96, donde el impulso misionero a todas las naciones surge *del* canto y llama *al* canto: «Canten al Señor un cántico nuevo; canten al Señor, habitantes de toda la tierra». Esta es una misión musical, una misión emocionante. Así es como te sientes cuando tu equipo le ha ganado a su rival, o ha ganado el *Super Bowl* o la Copa Mundial, solo que es mil veces mayor. «Proclamen su gloria entre las naciones, sus maravillas entre todos los pueblos» (v. 3). Estamos hablando de *gloria*. Estamos hablando de obras maravillosas, no de obras aburridas u ordinarias. Hemos probado y visto que este Dios es mejor que todo lo demás. «¡Grande es el Señor y digno de alabanza!» (v. 4). Estamos emocionados y entusiasmados de conocerlo y cantarle, y convocamos al mundo, a *todos* los pueblos, a cantar con nosotros.

La causa más grande de todas

Si eres uno de los que puede decir desde el corazón: «Jesús es el Señor», entonces fuiste creado para esto. Cuando confesaste que Jesús es el Señor del universo, adoptaste un propósito más allá de todos tus sueños. Si eres hombre de negocios, ama de casa o estudiante, pertenecer a Jesús significa que debes abrazar a las naciones por las que Jesús murió y sobre las que Él gobernará. Tu corazón fue creado para esto, y hasta que adoptes este

llamamiento global, siempre habrá un grado de enfermedad en tu alma, un vacío parcial donde debería estar la
pasión de Dios por Su gloria entre las naciones.

A principios de la década de 1900 nació el *Laymen's
Missionary Movement* [Movimiento Misionero Laico]
entre hombres de negocios estadounidenses impulsados
por la ambición sagrada de apoyar lo que Dios estaba
haciendo en el movimiento masivo de voluntarios estu-
diantiles. Aquí está lo que J. Campbell White, el primer
secretario del *Laymen's Missionary Movement*, dijo:

> La mayoría de los hombres no están satis-
> fechos con el resultado de sus vidas. Nada
> puede satisfacer por completo la vida interior
> de Cristo en sus seguidores, excepto adoptar el
> propósito de Cristo hacia el mundo que vino
> a redimir. La fama, el placer y las riquezas no
> son más que paja y cenizas en contraste con el
> gozo ilimitado y permanente de trabajar con
> Dios para el cumplimiento de Sus planes eter-
> nos. Los hombres que dedican todo a la obra
> de Cristo obtienen de la vida sus recompensas
> más dulces y valiosas.[6]

¿Cómo debes sentirte sobre el propósito global que
Jesucristo tiene de ser glorificado entre todas las naciones? Debes sentir que esta causa es la consumación de tu
razón de ser en la vida. Muchas otras cosas son importantes, pero esta es la causa más grande de todas. Cada
fiel seguidor del Señor de señores y Rey de reyes debe
adoptar este propósito. Todo cristiano saludable debe
encontrar la consumación de su existencia en ser parte

de este gran propósito: que Dios sea glorificado entre todas las naciones.

Condición de la causa

¿Cuál es la situación actual entre las naciones? Se están produciendo cambios asombrosos mientras Dios reúne a Sus elegidos de todas las naciones y envía Su Iglesia a todas las naciones, de hecho, de todas partes a todas partes. Europa y Estados Unidos ya no son el centro de gravedad en el cristianismo mundial. El centro está cambiando al sur y al este. América Latina, África y Asia están experimentando un crecimiento fenomenal y se están convirtiendo en las grandes iglesias que envían misioneros.[7]

Organizaciones como *Joshua Project* [Proyecto Joshua] y *People Groups* [Grupos Étnicos] nos muestran quiénes son realmente las «naciones», proporcionando información como cuántos de estos grupos existen y qué tan alcanzados o no han sido con el evangelio. Al momento de escribir este libro, *Joshua Project* señala que hay 7840 grupos de personas «no alcanzadas» o «mínimamente alcanzadas» (ambas categorías se definen en parte por tener menos del 2 % de evangélicos). Juntos, estos dos grupos componen un sorprendente 45.3 % de la población mundial.

Agradezco a Dios por las personas que realizan esta difícil investigación para ayudarnos a comprender la tarea que nos queda por hacer. Visita estos sitios de internet y comienza a conocer la situación global. Después sueña con cómo tu vida, ya sea al ir o al enviar, podría participar más en declarar la gloria de Dios entre las naciones y anunciar Sus maravillosas obras entre todos los pueblos.

¿Cómo debes sentirte sobre las naciones del mundo? Debes tener una pasión por su salvación. Debes emocionarte de que Dios gobierne sobre todas ellas y nos llame a ser Sus emisarios al llevarles las mejores noticias del mundo. Debes estar contento de que Dios tendrá un pueblo propio de todas las naciones, que le cantará y le atribuirá gloria y poder a Su Hijo.

Fuiste hecho para una alegría así. Todas las demás alegrías de los Salmos, todas las demás emociones de los Salmos, nos conducen aquí: a la gloria de Dios celebrada y cantada por todos los pueblos de la tierra.

Música: entonar la nota correcta

Como ya hemos vislumbrado, los versículos 1 y 2 del Salmo 96 ondean como banderín sobre el énfasis en las naciones, y se tratan sobre cantar. «Canten al Señor un cántico nuevo; canten al Señor, habitantes de toda la tierra. Canten al Señor, alaben su nombre; anuncien día tras día su victoria». ¿Por qué comenzaría un salmo—el cual habla del alcance global del reino de Dios y el deber de anunciar «día tras día su victoria» (v. 2) y de proclamar «su gloria entre las naciones» (v. 3)—con un mandato a cantarle al Señor?

La respuesta es simple: no puedes convocar a las naciones a que canten si *no estás cantando*. Y *estamos* convocando a las naciones, todas las naciones, a cantarle al Salvador y al Juez de toda la tierra. Nuestro objetivo no es solo que crean, o que cambien su comportamiento. Nuestra meta es un gozo pleno en Dios que se desborde en canto. «Alégrense y canten con júbilo las naciones» (Sal. 67:4).

Una nueva canción en nuestro día

Pero ¿por qué un *nuevo* cántico? Notemos que este nuevo cántico es *para* el Señor y no solo *sobre* el Señor. «Canten *al Señor* un cántico nuevo; canten *al Señor*, habitantes de toda la tierra» (v. 1). No está mal cantar sobre el Señor. Los Salmos lo hacen todo el tiempo. Pero cuando se escriben cánticos nuevos y se cantan «al Señor», algo está sucediendo en la Iglesia. Es una señal de vida inusual y de vitalidad. Las personas no solo viven de la herencia espiritual de generaciones anteriores, sino que tienen una relación vibrante con el Dios vivo y le cantan *a* Él. Él es real. Él es personal. Él es conocido. Él es apreciado. Él está presente. Y cuando estas canciones son hermosas, bíblicas y atractivas, la adoración suele ser más intensa y más personal.

Eso es lo que pide el salmo, y eso es lo que ha sucedido durante toda mi vida adulta. En todo el mundo hay una nueva canción, una nueva vitalidad y un nuevo compromiso personal de cantarle *al* Señor. Y lo sorprendente de nuestro tiempo es que este despertar por cantarle al Señor nuevos cánticos tiene un dulce sabor global y misionero.

Que yo sepa, el canto nunca ha estado más a la vanguardia de las misiones que hoy en día. Dios está haciendo algo maravilloso en el cumplimiento del Salmo 96. Es mucho más grande que cualquier denominación, cualquier misión, grupo étnico o región del mundo. La Iglesia global está cantando: cantando al Señor, cantando nuevas canciones y cantando sobre el señorío de Dios sobre las naciones.

El centro de nuestro canto

El Salmo 96 nos llama a difundir la pasión por la gloria de Dios en todas las cosas por el gozo de todos los pueblos. Y nos llama a convocar a estos pueblos para darle gloria a Dios a través de los cánticos. Esta es la encomienda más difícil y más feliz del mundo. Así que al concluir este libro, simplemente diría: no te pierdas lo que Dios está haciendo. Sé parte de ello. Pon las naciones en tu corazón. Piensa correctamente sobre los propósitos globales de Dios. Siente profundamente Sus maravillosas obras. Canta con todo tu corazón al Señor. Sé parte de convocar a las naciones para que se unan a ti. Y que el centro de nuestro canto sea el mismo que el centro de la nueva canción que cantaremos en la era venidera, es decir, la canción del Cordero que fue sacrificado.

> Y entonaban este nuevo cántico:
> «Digno eres de recibir el rollo escrito
> y de romper sus sellos,
> porque fuiste sacrificado,
> con tu sangre compraste para Dios
> gente de toda raza, lengua, pueblo y nación.
> De ellos hiciste un reino;
> los hiciste sacerdotes al servicio de nuestro Dios,
> y reinarán sobre la tierra»
> (Apoc. 5:9–10).

Invitación final

Intenta imaginar la Biblia sin los Salmos. ¡Qué libro tan diferente sería! Qué lugar tan diferente sería la Iglesia. Y qué persona tan diferente sería yo.

No es que el resto de la Biblia no enseñe la verdad ni despierte las emociones. Aprendo cosas y siento cosas en cada parte de la Biblia. Pero no es lo mismo. Los Salmos no solo despiertan los afectos del corazón, también ponen la expresión de esos afectos en primer plano. Presentan de manera intencional la experiencia emocional del salmista en el contexto de la verdad divina.

No solo estimulan la emoción del corazón en respuesta a la verdad revelada, sino que exhiben esta emoción. No solo nos dan mandamientos, también nos contagian de alegría. No solo escuchamos en ellos ideas profundas y afectos expresados, también los experimentamos. Caminamos en el consejo de la divina sabiduría, nos paramos en el camino de la asombrosa santidad y nos sentamos en el lugar de la alegre admiración.

Palpamos almohadas empapadas con lágrimas. Escuchamos y sentimos los gritos de aflicción, vergüenza, arrepentimiento, pena, rabia, desaliento y agitación. Pero lo que hace que sea increíblemente diferente a las penas del mundo es que todo esto, absolutamente todo, se experimenta en sintonía con el Dios soberano. Ninguna de estas emociones surge de un corazón que ha rechazado al Dios que todo lo gobierna. «Todas tus ondas y tus olas se han precipitado sobre mí» (Sal. 42:7). «Muy breve es la vida que me has dado» (Sal. 39:5). «Pero ahora nos has rechazado y humillado; ya no sales con nuestros ejércitos» (Sal. 44:9). «Cual si fuéramos ovejas nos has entregado para que nos devoren, nos has dispersado entre las naciones» (Sal. 44:11). «Has sometido a tu pueblo a duras pruebas» (Sal. 60:3). Y en todo esto: «Señor, tú me examinas, tú me conoces» (Sal. 139:1). Dios está detrás de todo.

Esta es la gran diferencia entre los Salmos de las Escrituras y los lamentos, quejas y tristezas del mundo. Para los salmistas, Dios es una realidad omnipotente, sólida, inquebrantable, innegable y firme. Sus experiencias emocionales adquieren significado no al negarlo a Él, o al negar Su poder y sabiduría, sino al tratar con Él tal como es: absolutamente soberano. «El Señor hace todo lo que quiere en los cielos y en la tierra, en los mares y en todos sus abismos» (Sal. 135:6). Esta fue la inquebrantable convicción de todos los salmistas: «Nuestro Dios está en los cielos y puede hacer lo que le parezca» (Sal. 115:3).

Nunca se volvieron contra Dios ni lo rechazaron debido a las dificultades que sufrían. El necio dice en su corazón que no hay Dios (Sal. 14:1), pero no el salmista. Era impensable para los salmistas que sus penas los alejaran de Dios. ¿A dónde irían? «Si subiera al cielo, allí estás tú; si tendiera mi lecho en el fondo del abismo, también estás allí» (Sal. 139:8). Si Dios es Dios, entonces toda la vida emocional se vive en Su presencia. Él hace que todo tenga sentido, de lo contrario, nada tendría sentido.

Pero la omnipotencia no es la razón principal por la que los salmistas nunca abandonaron a su Dios. Los salmistas sabían por experiencia que Él es bueno y fiel. Sabían que, si confiaban en Él, actuaría en Su nombre (Sal 37:5). Testificaron de esto una y otra vez.

Muchas son, Señor mi Dios, las maravillas que tú has hecho. No es posible enumerar tus bondades en favor nuestro. Si quisiera anunciarlas y proclamarlas, serían más de lo que puedo contar (Sal. 40:5).

Te exaltaré, Señor, porque me levantaste, porque no dejaste que mis enemigos se burlaran de mí (Sal. 30:1).

Tú me cubres con el escudo de tu salvación, y con tu diestra me sostienes; tu bondad me ha hecho prosperar (Sal. 18:35).

Responde a mi clamor, Dios mío y defensor mío. Dame alivio cuando esté angustiado, apiádate de mí y escucha mi oración (Sal 4:1).

Señor mi Dios, te pedí ayuda y me sanaste (Sal. 30:2).

Pero tú ves la opresión y la violencia, las
tomas en cuenta y te harás cargo de ellas. Las
víctimas confían en ti; tú eres la ayuda de los
huérfanos (Sal. 10:14).

Porque tú me has hecho justicia, me has
vindicado; tú, juez justo, ocupas tu trono
(Sal. 9:4).

Convertiste mi lamento en danza; me qui-
taste la ropa de luto y me vestiste de fiesta
(Sal. 30:11).

Tú has hecho que mi corazón rebose de
alegría, alegría mayor que la que tienen los
que disfrutan de trigo y vino en abundancia
(Sal. 4:7).

En Su gran misericordia y sabiduría Dios eligió
darnos los Salmos. Él los ha puesto en el centro mismo
de la Escritura. Seguramente esto no es un accidente.
El corazón es el centro de nuestra vida emocional. Y el
libro del corazón de Dios está en el centro de la Biblia.
¡Qué fácil es encontrarlos! Esto es una invitación. Dios
quiere nuestros corazones. Él los tomará como los
encuentre. Y después, con el toque sanador de los Salmos, los moldeará.

Acepta su invitación a venir. En la puerta de
entrada te hace una promesa: *Entra. Encuentra tu deleite
en quedarte aquí y meditar.* Serás «como el árbol plantado
a la orilla de un río que, cuando llega su tiempo, da
fruto y sus hojas jamás se marchitan. ¡Todo cuanto hace
prospera!» (Sal. 1:3).

El autor

John Piper es fundador de desiringGod.org y canciller de *Bethlehem College & Seminary* en Minneapolis, Minnesota. Sirvió durante 33 años como pastor de la Iglesia Bautista Bethlehem y es autor de más de 50 libros. Más de 30 años de sus sermones y artículos están disponibles en desiringGod.org.

Notas finales

1. «Vale la pena notar que el Salterio también consta de cinco libros (Salmos 1–41, 42–72, 43–89, 90–106 y 107–150). Los editores del Salterio querían que los lectores comprendieran la analogía entre la Torá, la "instrucción" de Dios por excelencia, y el Salterio. En resumen, el Salterio debe leerse y escucharse como una instrucción de Dios para los fieles. Independientemente de que el origen de los Salmos es una respuesta de personas fieles a Dios, hoy deben entenderse también como la Palabra de Dios a los fieles», J. Clinton McCann, *A Theological Introduction to the Book of Psalms: The Psalms as Torah* [Introducción teológica al Libro de los Salmos: Los Salmos como Torá], (Nashville: Abingdon Press, 1993), 27.

2. «Los Salmos pueden y deben ser parte de la práctica constante de la presencia de Dios. Al leerlos regularmente de principio a fin, nos conducen una y otra vez a considerar aspectos de la vida y la voluntad de Dios que de otra manera no podríamos recordar o confrontar, y mucho menos encarnar en nuestra vida. Al memorizarlos por partes, los Salmos pueden proporcionar respuestas a las realidades apremiantes de nuestros días. Cuando me he despertado en pánico en la oscuridad de las primeras horas de la mañana, sumergido en el miedo, la autocompasión o la duda, los Salmos a menudo me han dado la seguridad de que Dios conoce mis ansiedades e ilumina mis lugares oscuros. Entonces, te animo a hacer de los Salmos tu compañero constante. Mantén una copia a la mano, y guarda sus palabras en tu mente, tu corazón y en tus labios a medida que enfrentas los desafíos de cada día». Gerald Wilson, *The NIV Application Commentary, Psalms Vol. 1* [Comentario aplicativo de la NVI, Salmos, Vol. 1], (Grand Rapids: Zondervan, 2002), 104.

3. Me parece plausible que el salmista haya registrado sus respuestas de una manera que nos puede parecer regresiva, al registrar su respuesta más reciente al comienzo del salmo.

4. Martyn Lloyd-Jones, *Spiritual Depression* [Depresión espiritual], (Grand Rapids: Eerdmans, 1965), pp. 20–21.

5. Jonathan Edwards, *Religious Affections* [Afectos religiosos], (New Haven: Yale University Press, 1959), pp. 339f.

6. J. Campbell White, «The Laymen's Missionary Movement» [«Movimiento misionero de los laicos»] en *Perspectives on the World Christian Movement* [Perspectivas sobre el movimiento cristiano en el mundo], ed. Ralph D. Winter y Steven C. Hawthorne (Pasadena: William Carey Library, 1981), 225.

7. Ver, por ejemplo, los libros de Philip Jenkins *The Next Christendom* [La próxima cristiandad] y *The New Faces of Christianity* [Los nuevos rostros del cristianismo].